蜂巢创业

U0593377

蜂巢创业
FENGCHAO CHUANGYE

互联网商业模式

周文辉 ◎编著

蜂巢创业系列丛书
FENGCHAOCHUANGYE
XIELIECONGSHU
★★★★★

✦ **商业模式画布，**提出商业模式的总体分析框架；

✦ **价值定位，**包括客户细分、客户痛点与希望点、解决方案；

✦ **价值创造，**包括产品创新、客户体验、产品迭代；

✦ **价值传递，**包括品牌传播、渠道分销、盈利模式。

经济管理出版社
ECONOMY & MANAGEMENT PUBLISHING HOUSE

图书在版编目（CIP）数据

蜂巢创业：互联网商业模式/周文辉编著.—北京：经济管理出版社，2016.12
ISBN 978-7-5096-4691-5

Ⅰ.①蜂…　Ⅱ.①周…　Ⅲ.①网络营销—商业模式　Ⅳ.①F713.36

中国版本图书馆 CIP 数据核字（2016）第 262447 号

组稿编辑：杨国强
责任编辑：杨国强　张瑞军
责任印制：黄章平

出版发行：经济管理出版社
　　　　　（北京市海淀区北蜂窝 8 号中雅大厦 A 座 11 层　100038）
网　　址：www.E-mp.com.cn
电　　话：（010）51915602
印　　刷：三河市延风印装有限公司
经　　销：新华书店
开　　本：720mm×1000mm/16
印　　张：11
字　　数：168 千字
版　　次：2017 年 1 月第 1 版　2017 年 1 月第 1 次印刷
书　　号：ISBN 978-7-5096-4691-5
定　　价：38.00 元

前言

我们所处的这个时代，正在经历着三大变化：一是技术的变化。互联网技术带来人与人的连接，人与信息的连接，人与商品的连接。二是政策的变化。从投资拉动到创新驱动，增长动力来源从自然资源消耗向人力资源开发转型，关键在于如何激发人的激情与创造力。三是市场的变化。用户追求个性化，员工追求自主化。温饱问题已经解决，人们开始追求归属感、受尊重、有爱、自我实现的成就感。面对不连续与不确定的世界，很多老板感叹：老办法不管用，新办法不会用。

以变制变？还是以不变应万变？

企业家一方面要学会拥抱变化，另一方面要学会悟道守宗。回到本质，"万变不离其宗"，方能守正出奇。悟道有三：一是人性的本质，自私、自由、自主。二是商业的本质，创造价值与分享价值，满足需求与创造需求。三是管理的本质，绽放人，成就人。

一旦抓住了事物的本质，我们就可以在这个快速变化的环境中找到前行的方向：一是组织平台化。连接员工与用户，围绕产品创新与品牌营销两大核心业务，创造价值与传递价值。提高效率与降低成本，信息对称，激励相容，资源优配。二是员工创客化。员工成为自己的老板，树立客户意识、竞争意识，关注投入产出率。三是用户粉丝化。企业通过打造员工与顾客"交流—交心—交易"的平台，从信息分享、信任建立、信赖形成到信仰追求，让员工与顾客共同经营一个"有情感、有温度、有趣味、有价值"的社群。

我们专注打造"蜂巢创业"的知识社群，通过案例分析、理论研究与实践指导，以员工绽放与老板解放为使命，帮助成长型公司转型为创业平台，发现、培育与成就更多的价值共创型组织，奉行"共识—共享—共创—共赢"的理念，将心法修炼与方法提炼融为一体。我们选择一个有意义的事业，以积极主动的心态，全身心地投入其中，营造友好的人际关系，不断追求健康、快乐与财富兼具的人生成就。我们致力于通过有效学习、深度思考与知行合一，提升个人、家庭与组织的幸福感，让更多的人绽放出生命的愉悦与精彩！

本书精选 9 个案例，既有传统企业的互联网转型，也有互联网思维改造传统企业。案例在商业模式设计上各有千秋。商业模式的共同点在于围绕创造价值与分享价值展开，本书将之归纳为三模块九要素：价值定位（客户细分、客户痛点、解决方案）、价值创造（产品开发、客户体验、产品迭代）、价值传递（品牌传播、渠道分销、盈利模式）。

本书所选案例均由中南大学商学院的 MBA 与企业管理硕士研究生以小组 PK 及产品迭代机制产生，笔者通过 10 年的钻研与实践，总结出一套行之有效的 T8 训练模式：目标导向（Target）—任务驱动（Task）—团队协作（Team）—策略指导（Tactics）—训练结合（Train）—工作技能（Technique）—期限约束（Term）—考试过关（Test），老师扮演教练，学生才是运动员，教练的作用是"对内激发潜能，对外发现可能"，帮助学生夺取胜利，将知识转化为能力。在此特别感谢同学们对创新的认可与投入，各案例撰写的分工如下：伏牛堂（何仕翠、刘立威、谭姗、黄爱云），拉勾网（王斌、曾志玲、顾美、胡天奕），饿了么（钟点、刘俊宏、段超、尹潘），Bilibili（于华龙、龙梅、欧拉斯、何聊），oTMS（喻瑾琼、黄婷、曲琦），以上同学均为 MBA 2014 级秋 3 班学生；Roseonly（史柱锋、余振宇、徐秀），春雨医生（何依、伊各里、李慧、俞传艳），e 袋洗（余子希、樊玉林、阮琉璃），红领制衣（王鹏程、杨苗、段伟、王子彦），以上同学均为 2015 级企业管理硕士研究生。

过去，管理是通过人实现组织目的，人是手段，组织是目的；未来，管理是通过组织这个平台成就人。择英才而教之，遵循"言教不如身教，身教不如境教"之宗旨，期待热爱案例研究方法，认同价值共创信念的年轻人，奉行"知行合一与经世致用"的校训，选择"有趣、有料、有种"的创新实践为研究对象，将实践提炼为理论、方法与工具，以知识创新推动个人与组织进步。

特别感谢中南大学首批创新创业教育专项基金资助。

周文辉

蜂巢创业模式倡导者

2016 年 9 月

目 录

第一章
伏牛堂：社群商业模式

伏牛堂是一家主营米粉的餐饮有限公司，由北大法学硕士张天一及其小伙伴联手创立。几位合伙人想打造自宇宙大爆炸以来北京第一家正宗的常德米粉店，除了给在京湖南人提供一个长聚的平台，更致力于改变餐饮行业整体的职业认同。凭着正宗的口味以及迅速聚拢的人气，自 2014 年 4 月 4 日开张以来，受到包括人民日报、中央电视台、华尔街日报等多家海内外主流媒体的关注，短短 3 个月内就得到投资，6 月 25 日朝外 SOHO 店正式开业，发展迅速。

第一节　案例故事

2015 年 8 月 13 日，伏牛堂在微信平台上举办了"一场什么都不发布的发布会"，参与者达 50 多万人。其中，包括新东方董事长俞敏洪、罗辑思维创始人罗振宇等明星大腕。

发布会一开始，伏牛堂创始人张天一宣布：2015 年 7 月，伏牛堂已经完成了由分享投资、青骢资本、鼎天投资共同注资的数千万元人民币 A 轮融资。加上此前由 IDG、真格基金和华兴投资的数百万元天使轮融资，伏牛堂的估值已经过亿元，很有可能成为世界上最值钱的湖南常德牛肉米粉店之一。这不禁让人们感到好奇，路边随处可见的湖南米粉店怎会达到如此高的市场估值？拿到数千万元资金的伏牛堂未来又会如何发展？

一、创业初心

（一）深入思考，活着的意义

伏牛堂是由北京大学法学硕士毕业生张天一、北京外国语大学法学硕士柳啸、放弃了美国高校 MBA 全额奖学金的宋硕以及在深圳早已有稳定工作的周全共同发起的餐饮创业项目。

图 1-1　张天一

资料来源：新华网，2014-10-17.

张天一说，他的创业是被逼出来的，看着周围的人挤破头向公务员、事业单位、500 强企业靠拢，他突然觉得"活着没意思"，毕业了找工作，然后买房买车，结婚生娃……他问自己，回老家这些不都有了吗？那为什么要留在北京？不想朝九晚五，也不愿意做大单位背后的一颗螺丝钉，最后只能选择创业。大学期间就开过饺子馆的他经过一番思索将创业项目锁定在餐饮行业，最后他想到了常德牛肉米粉。一来米粉是南方人的一种主食，很有市场；二来常德米粉准备工作主要在前期，牛肉牛骨汤需要提前10小时熬制，而真正操作的时候，从煮粉到出餐，全部过程不超过30秒，具备了标准化操作的可能性。

2014年初，他们一起凑了10万元作为启动资金。"当时钱少，还想开得有（逼格）一点，于是我们从北京的西面兜到东面，最后选在了环球金融中心地下室的拐角。"2014年4月4日，面积为37平方米的店面正式开始营业。

（二）舆论攻击：不被理解，反而逆袭

直到店铺开张前夕，张天一的父母才知道儿子要开米粉店的事情。张天一的母亲对于儿子的评价，用了"折腾"两字，"从小到大都很能折腾"。按照父母的设想，张天一的职业规划应是公务员或者律师，米粉店并不在考虑之内。"他们的思维都是上个世纪的，"对于自己的创业，张天一并未寻求过父母的帮助，"其实家里人也帮不上什么。"

图1-2　伏牛堂

高学历做体力活，从事低端行业，容易引发热点。2014年7月，张天一发表的一篇《我硕士毕业为什么去卖米粉》被各大媒体转载，当时舆论几乎一边倒向批驳。在一档电视节目里，格力电器董事长董明珠"叫板"张天一，她认为一名北大法学硕士毕业生去卖米粉"是对国家资源的严重浪费"，张天一应该把米粉店关了，从事一份用得上自己知识的事业。在 4 月 4 日开业后的 4 个月里，伏牛堂在媒体上的曝光度是其他创业公司所羡慕的。从湖南本地媒体，到央视、人民日报，再到港台媒体、华尔街日报，他们俨然要把伏牛堂打造成大学生就业标杆。"这是一个典型的人咬狗新闻，硕士卖米粉没有过，再加上是毕业季有就业难的问题。"张天一认为，反传统的创业形式加上特殊时间点造成了媒体对伏牛堂的追捧。

二、霸蛮精神

经过两年的发展，伏牛堂从最开始的 4 个人发展到了今天的 100 多人，成为了中国互联网社群餐饮第一品牌。因为除了门店业务，它还拥有一个超过 20 万人的品牌社群——霸蛮社。

那么，什么是霸蛮呢？张天一穿着胸口印有"霸蛮"两个大字的文化衫，这是伏牛堂的"队服"。"湖南有一句方言'吃得苦、耐得烦、不怕苦、霸得蛮'，用在伏牛堂身上就是'不认输、不同意、做自己'。"他喜欢跟人聊"霸蛮文化"，希望通过这种"强符号记忆"让霸蛮成为一个时代词汇。他认为霸蛮有两层含义：其一，产品层面。霸蛮是一种味道，那就是"辣"。"辣"不是一种味觉，它是一种痛觉，吃辣的本质就是在痛苦和自虐中寻找快感。这和霸蛮是一致的。"辣"勾起的产品感知就是正宗，就是和家乡联系、不改淳朴、不改自我的情绪。其二，价值观和生活态度层面。霸蛮是湖南方言，不仅湖南人需要，中国人也需要，世界人民都需要霸蛮。霸蛮是一种时代精神，是今天的年轻人特别需要的生活观念。伏牛堂对霸蛮做了重新诠释，叫做：霸蛮就是不同意，霸蛮就是不服输，霸蛮就是做自己。首先，霸蛮是一种"say no"的精神，就是敢于不同意不合理的陈腐观念；其次，霸蛮就是不服输；最后，霸蛮还是不为乌合不从众，始终不改自己的本色精神和劲头。

综合起来，这才有了霸蛮的含义：不服输、不同意、做自己。这也是我们柔弱的现代文明人需要的最质朴的生命力量。伏牛堂今天或许还很小，但张天一认为伏牛堂是一家潜力无限的公司。伏牛堂不是米粉贩子，所以不要用米粉店的视角看。它要做的是不卖雪糕、卖"爱"的哈根达斯，不卖鞋子、卖"运动精神"的NIKE，不卖手机、卖"与众不同"的苹果这样的伟大的公司。

三、情感寄托

（一）坚持正宗，拒绝好吃

伏牛堂的感知：拒绝好吃。从产品观说起，就是一句话："坚持正宗，拒绝好吃。"正宗和好吃有区别吗？当然有！比如，老北京豆汁，越正宗可能对外地人而言就越难以接受，因为它有一股酸臭味。再比如说正宗的湖南常德牛肉米粉有这样几个特点：辣、油、草药味、汤少。这几个特点都有可能是非本地人无法接受的。而伏牛堂一直在北京坚持做这样的米粉，其间他们收到了无数的吐槽信息，他们的回应是什么呢？就是四个字："老子管你。"好像他们的态度很流氓，不在乎客人的感受一样，是这样吗？不是的。为什么要在"正宗"这个问题上这么较真儿呢？因为"正宗"等于"乡愁的感知"，"好吃"是味觉和温饱层面的，而"正宗"是情感层面的。正宗的豆汁根本不是豆汁，是老北京的胡同味道。

（二）漂泊不改辣本色

伏牛堂卖的根本不是一碗"大众口味"的米粉，他们卖的是人心里面最柔软的那根弦。

是哪根弦呢？在他们门店的醒目位置有这么一张海报，上面写着：背井不离乡。他们都是背井离乡的人，对他们而言，最遥远的概念就是家乡。有的时候遭遇到冷眼、失败、挫折，回到自己北京的出租屋里面时，最想念的就是家乡的那种舒适、温暖和美好。在伏牛堂，吃到这碗米粉，就好像回到家乡一样，找到那种遥远而稀缺的情感联系。这是伏牛堂要做的事情。他们还有一句口号，叫做"漂泊不改辣本色"，这些北漂的人，每时每刻都在改变，或变得世故，或变得麻木，所有的改变中，最集中的就是口味上的改变。比如，在京湖南人经常说，出来时间长了，没有那么能吃辣了。伏牛堂的理念是，在一个大家都在改变的社会里，最大的宝贵就是不变：虽然漂泊在外，历经沧桑，但我始终还是我，米粉还是那么"辣"，我们的本色也没有丝毫改变。有一次潘石屹评价伏牛堂的米粉说："看到湖南人在伏牛堂那么开心地吃米粉，这让我想起了家乡的浆水面。"

（三）不变的是睹物思乡情

很多人说食物到了外地要改良，在中国这么大的土地上，无论你怎么改良，恐怕也很难改良出一款所有人都接受的食物。因为食物是有地域限制的。然而，情感是没有地域限制的。每个地方的人吃的东西不一样，但谁小时候没有一种让自己无比依恋的食物至今难以忘怀呢？所以当时开发伏牛堂米粉的时候，喊了一句口号，叫做"湖南人在伏牛堂吃哭，不是湖南人的人看着湖南人哭自己也想哭"。

四、社群餐饮

卖米粉的伏牛堂，主角却从来不是米粉。在某个创业大赛上，张天一几乎没有谈及产品体验，反而主动为伏牛堂贴上了"社群餐饮"的标签。

今天这个时代，每一个企业都应该找到自己的路，设置自己的收费站，靠收费过活。具体而言，就是两点规则：一是走自己的路，让别人无路可走，如果一定要走，请交费；二是让自己的这条路成为国道，成为有价值的连接节点，和其他节点互换通关文牒。张天一表示，不要问他一年开多少店，伏牛堂要做中国互联网社群餐饮第一品牌。

张天一建立的"霸蛮社"，目前已经集聚了近 20 万生活在北京的湖南人。"伏牛堂未来想做成北京湖南生意的入口，如果湖南的产品要在北京推广，没有比伏牛堂更好的方式了。"他希望通过"霸蛮"、"社群餐饮"等关键词让用户在脑海中快速检索到伏牛堂，"这些可能是我的核心价值"。此外，参照伏牛堂的营业数据，其社群还包括三类人：第一类，"80后"、"90后"；第二类，女性；第三类，慕名而来的人。

五、牛人格体

首先，伏牛堂的"牛"不是红烧牛肉的那个肉牛，也不是耕地的黄牛。肉牛和耕牛都是要被阉割的。它是公牛，是兰博基尼的牛，是华尔街的牛。公牛是这个世界上最狂暴，最有力量感，最霸蛮的生物。当这样的生物能够主动四蹄着地，能够主动趴下来，伏下来，把力量内收的时候，它就是世界上最恐怖的生物，"伏牛堂"也是世界上最恐怖的企业。

当时张天一从北大毕业，目空一切，就是一头公牛。后来开了伏牛堂，每天做服务员，能够踏踏实实地卖一碗粉，他就是"伏牛"了。伏牛也好，霸蛮也好，都是他们传达出来的外表踏实谦逊、内心狂放桀骜不驯的精神。

六、水流航标

提到伏牛堂，我们会思考它为什么成功，张天一做的事情反常识，伏牛堂的创业没有任何经验，当时做这件事非常不靠谱，10万元开一家米粉店，到今天差不多两年时间。对此，张天一有一些自己的思考。2014年4月开这家米粉店时还没有"双创"，5月中旬政府提出了"双创"，李克强总理在人社部开的第一场新闻发布会，提这个事时举的第一个例子是伏牛堂张天一，2015年总理来到伏牛堂。

伏牛堂开店的时候，是一家小店，客人很少，有人跑上来说互联网思维，张天一不认可。今天回看他不这么认为，在当时的时间点上，没有伏牛堂也会有伏鸡堂、伏狗堂、伏鸭堂、伏猪堂出现，这个行业到了这个点就会拐，哪怕是一根稻草也会抓住。打上这个标签以后，一年时间，这个行业最好的钱、人、思想会向你靠拢，在创始人不是太笨的时候，自己能够迭代。今天问张天一什么是互联网思维，他还能说一点东西出来。

伏牛堂不仅是时代这个浪赶上了，行业起伏的这个浪也踩到了。伏牛堂是卖湖南米粉的，这个东西在北京从来没有卖过，北方人不喜欢吃又油又辣的食物，经过重庆小面、麻辣烫的市场教育，2014年，北京有4家湖南米粉店，2015年有300家湖南米粉店，这个行业被催生出来。

世界上确实有一条河，这条河很大，水流得很快。很多人问张天一商业模式或者未来的商业空间在哪里，他也在努力想，结合过去的创业经验看，他觉得在这样一条大河里鱼怎么游不是最重要的，水流怎么走才是最重要的，关键是找到能够指出水流方向的航道或者是航标。

七、伏牛堂是什么

伏牛堂的感知是辣。去百度上搜索"辣+米粉"，基本上只会出来伏牛堂。伏牛堂就等于辣。2014年，伏牛堂办了一场影响力非常大的活动，即"世界最辣牛肉粉挑战赛"。这个活动后来被华尔街日报、纽约时报、BB都报道了。门店在活动期间，一度超过一半的顾客都是外国人。世界各地的吃辣玩家们专门跑到中国，就为了吃一碗世界最辣的牛肉粉。伏牛堂的米粉也没有少辣、中辣、微辣之类的。这是把感知具象化的一种方式。

图1-3 牛肉粉

资料来源：大众点评，2016.

伏牛堂感的图腾就是"霸蛮"。同样，去百度搜索"霸蛮"，基本上也只会出来伏牛堂。伏牛堂等于霸蛮。

按张天一的说法，他们的公式是"伏牛堂=正宗=霸蛮=辣=年轻人"，是要以伏牛堂为基本点，以正宗的湖南常德米粉为载体，以"霸蛮"为图腾而吸引和感召一大群年轻人。有了规模庞大的社群，就拥有了一个"收费站"，就能靠收费过活。伏牛堂依靠现有的20万人的社群，得到Uber、江小白、三只松鼠等知名品牌的支持，使企业除了餐饮主业之外又多了一条实现价值的渠道。有了规模庞大的社群，伏牛堂不仅可以赚钱，还能向灾区捐款做公益，以及其他很多有益的事情。这就是伏牛堂的新模式、新战略！

八、未来不靠米粉赚钱

媒体上的频繁露面，让伏牛堂引来了投资机构的关注。开业不到一个月，伏牛堂便获得了险峰华兴创投的天使投资。这次投资的引入是张天一计划之外的事情："我最初的设想是两年内开 10 家店，不考虑投资完全自营。就像一个小孩，你让他自然长大没问题，如果一定要吃激素这是有问题的。"但对于开第二家店的迫切，让他打破了开始的规划。后来伏牛堂的两家店均实现盈利，最高日营业额达 2 万元。

对于未来，张天一称只要是"好玩"的事情他都会去尝试，比如 3D 打印米粉，但可以肯定的是未来伏牛堂不会依靠米粉赚钱，"在北京连湖南驻京办也做不到能够如此小范围高密度地聚集这么多湖南人"。

伏牛堂先后获得险峰华兴、IDG、真格基金的投资，成为估值接近 1 亿元的"新兴互联网餐饮品牌"。反对声逐渐销匿，张天一也不出意外地被舆论重新冠上类似"90 后创业代表"、"大学生创业榜样"等标签。

"这个事情让我很惶恐。正是因为伏牛堂做得还不错，才会得到更多人的认可，但我回过头去想，如果伏牛堂做一半死掉了，那我就'too young too simple'了吗？"张天一显得有些愠怒。尽管舆论变了，但以结果为导向的社会价值衡量标准与前无异。

这是大学生创业应该抱有的正确心态。创业像显微镜，创业者所有的缺点和优点会被无限放大，但这有利于创业者快速完成自我认知。"这是创业最宝贵的东西，有的人活一辈子也不认识自己。"

一次公开演讲，张天一稍稍兴奋地表示自己十分支持大学生创业，其至称这是"必需"的选择。在接受记者采访时，张天一对这一说法进行了进一步阐明。他笃信一名合格的创业者身上必须具备某种天赋，比如精力一定是正常人的两倍，甚至更多；一定不惧高风险，并且能影响其周围的人。"现在大家都在说创业教育，要找导师。实际上有些东西可以培养，但有些东西根本教不了。"

九、未来有无限可能

张天一偶尔也会怀念伏牛堂成立前半年"每天卖卖粉，数数钱，跟媒体吹吹牛，和顾客聊聊天"的日子。现在他几乎每天早上4点就会起床，"伴随着一阵心悸，真的是那种心跳加速把人催醒的感觉"。"我们这批'90后'是极具竞争意识的一代。出生要在医院里面抢床位，上学抢座位，到公司去抢职位，出门又要抢车位。"

在这个高风险、高溢价、高度不确定的时代，看似安宁的背后往往已暗藏汹涌。在人人做着"三年新三板，五年A股，七年纳斯达克敲钟"荒诞的美梦时，张天一要求伏牛堂必须保持清醒，"创业是为了更好地苟活。在竞争和迭代无比激烈的市场环境里面，追求生存比活得更好所迸发的动力要强很多"。

伏牛堂成功的背后，绝不单单是米粉的因素，而是人们内心深处对霸蛮文化的认同，对张天一充满个性、独辟蹊径、不走寻常路的认同。创业就是要有独特的思维方式，并且敢去闯敢去做；创业就是挑战自己的潜能，去开发成长性以及挖掘未来的可能性（田广利，2015）。

附 录

伏牛堂大事记

2014 年 4 月，北京市朝阳区东三环中路 1 号环球金融中心店开业，第一周日营业额破 2 万元。

2014 年 4 月，人社部副部长信长星同志曾在一次新闻发布会上表示：像张天一这样的学生的出现，是大学生就业观的一次转变。

2014 年 5 月，北大原校长周其凤来到了伏牛堂餐馆，并给予了充分的肯定。

2014 年 5 月，受邀参加湖南人气综艺《天天向上》栏目。

2014 年 5 月，获得《人民日报》社会版报道。

2014 年 5 月，伏牛堂登上优酷首页，获得将近千万级点击和关注。

2014 年 5 月，获得险峰华兴天使轮投资。

2014 年 6 月，张天一进入腾讯"90 后"全球创业家俱乐部，并在腾讯产品家沙龙发表了巡回演讲，在朋友圈获得百万级转发，成为"90 后"创业的代表性人物之一。

2014 年 6 月，北京市朝阳区朝外大街朝外 SOHO 店顺利开业，员工发展至 20 余人。

2014 年 7 月，获得真格基金徐小平投资。

2014 年 8 月，获得《人民日报》要闻版、央视《经济半小时》、《真诚沟通》等栏目的报道。

2014 年 8 月，获得 IDG 资本投资。

2014 年 8 月，获得美国华尔街日报、日本 NHK 电视台、产经新闻、英国 BBC 等海外主流媒体报道，在国际上拥有了一定知名度。

2014 年 9 月，参与到 Fast Company 中国 30 家创新公司的复评环节。

2014 年 10 月，伏牛堂登上央视《对话》栏目，引起广泛关注。

2014 年 10 月，与福成集团达成合作意向，共同开辟湖南米粉标准化生产新时代。

2014 年 10 月，再次获得人民日报的报道。

2014 年 12 月，伏牛堂长楹天街店开业。

2014 年 12 月，伏牛堂王府井店进入开业筹备环节。

2014 年 12 月，在央视《青年中国说》上，创始人张天一与格力集团董事长董明珠展开交锋，引起广泛关注。

2015 年 3 月，张天一入选中欧创业营第四期学员，一同上课的还有俞敏洪、王小川等人。

2015 年 7 月 29 日，伏牛堂外卖增加渠道上线饿了么。

2015 年 8 月 13 日晚，餐饮 O2O 品牌伏牛堂举办线上发布会，聚集 50 万线上粉丝，名为"一场什么都不发布的发布会"。

2015 年 12 月，发行可全国快递的包袱牛肉粉。

2015 年 12 月，携手"YOU+"举办并由深圳市政府协办 EnnoSpace，在上海、广州、深圳、北京 4 个城市举办第二届世界吃辣挑战赛（大中华赛区）巡回赛事。

2015 年 12 月 18 日，伏牛堂淘宝店上线，消费者可在淘宝上购买包袱牛肉粉。

2015 年 12 月 28 日，伏牛堂召开了一场线上发布会，将这款牛肉粉和伏牛堂本身的概念，输送给了美国等 8 个海外国家。

2015 年 12 月 30 日，伏牛堂获得分享投资、丰厚资本、北大创业营现代服务业基金投资的 1700 万元 A+轮融资。

2016 年 6 月 16 日，社群餐饮品牌伏牛堂的直播美食节目《做粉吧，喵星人》正式开播。将近两小时的直播，吸引了80万人次观看，卖出3000多盒米粉。

第二节 案例分析

根据创业九宫格（三招九式）的逻辑框架（见图1-4），我们将从价值定位、价值创造、价值传递三方面分别对伏牛堂商业模式进行分析。

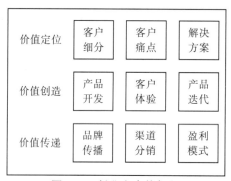

图1-4 创业九宫格框架

一、价值定位

（一）客户细分

湖南米粉在过去的一百年间之所以没有在北京打开市场，因为它又油又辣，根本不符合北方人的饮食习惯，包括今天也有很多人给伏牛堂提建议，说米粉太辣、太油了等，但是伏牛堂的米粉依然是这么油、这么辣。因为伏牛堂团队清楚地认识到，它所需要满足的是在京30万~40万湖南人，而不是 2000 万人的胃。因此，伏牛堂将市场定位于身在北京的湖南人，如图 1-5 所示。

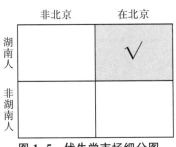

图 1-5　伏牛堂市场细分图

（二）客户痛点

湖南人的饮食习惯离不开米粉，正如四川人离不开辣椒一样。米粉是大多数湖南人的饮食首选。随着越来越多的湖南人北上谋求生活，身在异乡的湖南人，每逢佳节倍思亲，一碗热腾腾的正宗米粉寄托的是背井离乡的湖南人对家乡的深切思念，是一种情感。在伏牛堂，吃到这碗米粉，就好像回到家乡一样，找到那种遥远而稀缺的情感联系。然而，由于饮食文化的差异，在北京几乎很难吃到湖南米粉，更别提正宗的湘味了。

（三）解决方案

伏牛堂的客户定位在于减少生活在北京的 30 万~40 万湖南人的乡愁，因此伏牛堂实施了制作正宗的湘味米粉和创设霸蛮社群两种主要方案。

（1）正宗的湘味。为了口味正宗，张天一和表弟周全回到常德，开始走街串巷试吃米粉。最终，他们挑中了几家口味极好的店，包括常德最有名的刘聋子，想拜师学艺，但都被拒之门外。失望之时，无意间发现了一家口味非常正宗的米粉店，在征得老板同意后，他们经历了拜师学艺一系列过程，又进行了标准化提炼，买了一台小秤，在无数个夜晚一小勺一小勺地称量每一种中草药、配料的分量，又通过常德餐饮协会邀请到当地最有名的几家米粉店的主厨品尝，最后才研制出几种配方。为啥非要在"正宗"这个问题上这么较真儿呢？因为"正宗"等于"乡愁的感知"，"好吃"是味觉和温饱层面的，而"正宗"是情感层面的。

（2）创设霸蛮社群。这个社群目前已拥有超过 20 万粉丝，并且活跃核心群体将近 1 万人。所有沟通交流都在微信群上；目前群数超 2000 个，每个群有 50~100 人。定位是做小群不做大群，希望每一个微信群内部的人至少见过面；兴趣小组每周都会组织活动，规模稍微大一点的就贴伏牛堂标签，有时候还会做一些商务拓展，计划发展到 50 万人左右。成为霸蛮粉的关键就是既要够活跃，还要够年轻。

二、价值创造

（一）产品开发

伏牛堂围绕"霸蛮"文化核心，首先从顾客群中筛选出具备相同特征的粉丝群，建立一种更紧密的联系，这种联系可以在线上，也可以在线下；找准社群定位后，便根据兴趣爱好对其进行分组，进而通过组织活动加强线下联系，使霸蛮社粉丝有了真正意义上的互动；要根据社群特征设定情感符号，激发内心深处的情感共鸣。

从实质产品来看，伏牛堂开发了多种湖南特色小吃。主食包括红烧牛肉粉、秘制麻辣牛肉干腌粉、榨菜肉丝油码粉、骨汤三鲜粉、榨菜肉丝粉，小吃包括打巴糖、北堤麻辣肉、酱板鸭、虎皮蛋，饮料则以擂茶为主。

（二）客户体验

在消费者体验式消费中，伏牛堂主要加入了三个主题：连接、氛围营销、牛掰。第一个主题：连接。有一句话叫作万物皆可连，不仅人与人之间可以连接，事情与事情之间也可以连接。在做好米粉的基础上，伏牛堂

图1-6 伏牛堂

把一切看上去跟米粉没有关系的东西都连起来。伏牛堂花7天时间统计过一份数据，发现来消费的顾客超过45%是湖南人。未来伏牛堂能不能做大数据企业，能不能针对顾客群挖掘数据，甚至说米粉是免费的，并制造一些消费场景，去卖湖南人需要的东西？

第二个主题：氛围营销。普通连锁餐饮企业的一切都要标准化，但伏牛堂不这么做。伏牛堂第一家店是拉面风格，第二家店是咖啡店风格，用的是皮沙发。北京有车库咖啡，为什么不能有车库米粉呢？为什么大家不能边吃米粉边聊事儿呢？伏牛堂现在就在办这样的沙龙，效果很好。

第三个主题：牛掰。你来店里吃米粉，店员跟你掰腕子，赢了免费，输了付双倍，多出的钱店里会捐给公益组织。未来希望伏牛堂每一个店都好玩儿，都能给顾客带来不同的体验。

（三）产品迭代

伏牛堂顺应市场需求，产品开发进行了三次升级：

（1）产品迭代1.0。2014年，主打实体店湖南津市牛肉粉，建立了以乡土情结为核心的湖南人社群，产品分为圆粉、扁粉、小吃、饮料。利用名校、高学历标签结合传统的低端行业冲击人们的视线。

图 1-7　生死状

（2）产品迭代 2.0。2015 年，开展 O2O 模式，基于社群发行可以全国快递的包袱牛肉粉，并推出电影定制版牛肉粉，米粉和牛肉都没有添加剂，可以保鲜 120 天，全国各地的朋友都能分享伏牛堂味道；到货后只需要 7 分钟，顾客可以参与它的制作，最终吃到和店内一样的味道。

（3）产品迭代 3.0。2016 年，目标是把伏牛堂理解成一个湖南的文化品牌，做个青年社区，顺带加私货卖点米粉；或者把它理解为文化公司，做个自媒体，顺带给伏牛堂做个广告。主次已不好区分，让全世界的华人朋友都能够享受到这一碗故土风味，将开拓尼日利亚、美国、德国、俄罗斯、越南、日本、韩国 7 个国家的市场。

三、价值传递

（一）品牌传播

在品牌传播方面，伏牛堂主要进行了如表 1-1 所示的多类品牌传播活动。

表 1-1　伏牛堂的品牌传播活动

时间	事件
2015 年 3 月 1 日	伏牛堂创始人张天一在微博和微信发起"众筹学费上中欧创业营"，并以分享中欧所获知识为回报的众筹活动，总覆盖人数约 7.5 万人，14 个小时，微博 10 万次阅读，转发次数 221 次，微信 42736 次阅读，转发次数 451 次。共筹款 51.6 万元，收到了 846 笔支付

时间	事件
2015年8月13日	举办"微信50万人在线发布会"，参与者达50万人之多，其中包括新东方董事长俞敏洪、罗辑思维创始人罗振宇、搜狗CEO王小川、爱佑慈善基金会理事长王兵、知名微博星座博主同道大叔等明星大腕，身后更有腾讯新闻、凤凰网、新华网等知名平台媒体以及Uber、江小白、三只松鼠等知名品牌的大力支持
2015年11月11日	在京东众筹上线"全国可包邮的包袱牛肉辣米粉"项目，20天获得近2万人的支持，筹集金额5万元左右，并连续多日排在热门项目排行榜的第一，创下了京东食品众筹"支持人数最多的京东食品众筹"纪录
2015年11月16日	启动伏牛堂X校园社群计划，授权校园社群团队，同时开始建立伏牛堂各个高校的霸蛮分社。目前已走访了包括北京大学、清华大学、人民大学、外经贸、中财经、北京中医药大学在内的数十所学校，与累计超过8000名大学生朋友进行了面对面的沟通和交流。同时吸引了众多有创业想法的大学生，并组建了十支校园社群团队，加入到"卖米粉"的行列中
2015年12月	携手"YOU+"举办并由深圳市政府协办EnnoSpace，在上海、广州、深圳、北京4个城市举办第二届世界吃辣挑战赛（大中华赛区）巡回赛事
2015年	先后与《鸣梁海战》《魁拔Ⅲ》《小羊肖恩》《幸存者》《万万没想到》《舌尖上的中国》（电影版）《一家老小向前冲》等一大批影视IP开展合作，推出专属定制版包袱牛肉辣米粉以及吃粉送电影票活动
2015年	伏牛堂微信公众号在一年里发布了近30万字的300多篇文章，累计阅读量近千万次，张天一本人写了100多篇文章，正是这种创新与坚持，成功将伏牛堂打造成了一个自媒体属性平台

图1-8　伏牛堂广告

（二）渠道分销

在互联网提供的各个媒介平台中，伏牛堂积极寻求产品销售渠道，以便与客户搭建一个更为便捷的桥梁。"互联网+"时代的来临，餐饮人不应该无动于衷，而应该顺势而为，为企业开辟新的盈利空间。伏牛堂主要进行了如表 1-2 所示的分销变革。

表 1-2　伏牛堂的分销变革

时间	事件
2015 年 7 月 29 日	伏牛堂外卖增加渠道上线饿了么
2015 年 12 月	发行可全国快递的包袱牛肉粉
2015 年 12 月 18 日	伏牛堂淘宝店上线，消费者可在淘宝上购买包袱牛肉粉

在人格化品牌的时代，人人都是传播节点。伏牛堂通过不断迭代，保持敏锐性，琢磨"大连接"时代人与人、人与品牌连接方式的新变化，聚焦社群，伏牛堂旗下品牌社群——霸蛮社，目前已拥有近 20 万年轻人，社群旗下拥有 30 个兴趣小组。正是通过社群的维护与经营，为业务导流，为业绩"刷单"，从而使得这样一个品牌，在没有任何积累的情况下，凭借社群力量，在餐饮界刮起了一场又一场的龙卷风。

由此可见，社群流量带来的经济效益不可忽视。在当下，品牌制造流量的能力直接与经营用户和维护社群的能力相关。做好社群经营，发挥社群效用：一是要有优质产品、服务和内容来聚集人气和引发共鸣；二是需要做好社群内部互动，让成员从共享中获利；三是要注重社群的质量和连接频率，进而保证在发起活动的时候得到成员的最大响应，实现品牌社群的涅槃。一旦一个餐饮品牌具备了渠道和入口属性，它的潜力将是不可估量的。

（三）盈利模式

伏牛堂采取直接盈利模式。通过网络社交平台和线下活动吸引顾客后，在门店和线上网店直接向顾客销售商品。伏牛堂的业务比较简单，做的是聚焦米粉圈的一些小事，社群给业务导流。依靠社群流量带来经济效益，也可以认为是伏牛堂的盈利模式，数据显示，伏牛堂利用自己的微信公众号，已经发布了近 30 万文字，2015 年在线上举办了多次发布会，这其中包括两轮融资，伏牛堂现在的线上社群模式正一步步效仿罗辑思维。

社群运营初见成效，2015 年"双 11"，伏牛堂在京东众筹上线了"盒装米粉"，利用社群效益发起"京东万人快闪众筹"，所筹资金 50 万元，开始涉足食品电商，与线下连锁店构成了伏牛堂主要的两条业务线，目的是补足线下连锁店吃米粉时空局限的问题，以此覆盖更多的场景。

"2015 年拿到两笔钱，我们第一时间想的是快速扩张店面，但后来看到每家店都已经进入盈利状态，所以就把重心放在了强调利润率方面，2016 年的目标是开设 15 家店，第四季度实现食品电商的盈利。"张天一告诉钛媒体。

第二章

拉勾网：粉丝商业模式

　　拉勾网是一家专为拥有 3~10 年工作经验的资深互联网从业者提供工作机会的招聘网站。拉勾网专注于在为求职者提供更人性化、专业化服务的同时，降低企业端寻觅良才的时间和成本。拉勾网致力于帮助互联网人士做出更好的职业选择，让求职者的每一次职业选择变得更加明智。在拉勾网，每一次投递都会收到企业的明确回应，最快回应时间仅为 1 分钟。拉勾网的 "24 小时极速入职"，彻底颠覆了 "投简历石沉大海" 的国民痛点。由于精准的职位匹配，求职者平均每 8 次投递就会获得一次优质面试机会。

第一节　案例故事

　　随着信息技术的发展，在网络上采集企业竞争对手和求职者的信息成为企业获取信息资源的重要途径之一，互联网招聘是指运用互联网及相关技术帮助企业和求职者进行招聘及求职。目前，中国网络招聘市场比较成熟，综合招聘网站是当今网络招聘主流，但互联网快速发展的同时也衍生了垂直和社交等新兴招聘方式。本案例介绍了互联网垂直招聘网站拉勾网的创业过程，为创业者创业提供启示。

一、前奏：3W 咖啡

（一）萌生咖啡馆创业想法

3W 的三个创始人中，许单单毕业于北京大学，马德龙毕业于北京邮电大学，鲍艾乐（Ella）毕业于武汉理工大学，大家都是新时代的 "80后"，三个人均曾在腾讯工作过。腾讯有一个离职员工的网上组织，大家会经常在里面分享一些信息，也正因为这个原因三个人得以相识。

创业之前的许单单是一家基金公司的分析师，因为要跟行业里的很多人交流，平时他都是一对一地维系客户关系，效率较低。因此他想能不能开一个咖啡馆，把大家聚在一起聊天。2010 年 10 月，许单单在腾讯离职员工的 QQ 群里发了一条消息："我们众筹一个咖啡馆吧！"很快得到 Ella 和马德龙的回应，成了许单单的创业合伙人。经过讨论，他们希望开一间100 多平方米的咖啡馆，预估 39 万元就可以启动该项目。第一次募集过程出人意料地顺利，一些互联网和投资界的大腕成了他们的股东，比如沈南鹏、徐小平、庄辰超等。最后共募集到了 100 多万元。决定将咖啡馆命名为 3W，代表互联网。

（二）初建咖啡馆，一波三折

为给咖啡馆选址，马德龙除了在家陪伴怀孕的妻子、上班外，每天中午还要开车到处去看场地，"找场地的时候我每天到处跑，北影、五道口、牡丹园甚至东边都看过，还看过四合院，曾经看中过一个庙，当时差点把庙给租下来，最后觉得北影的一个地方还不错，想去盘那个地方，但在盘之前许单单定下只能在中关村里找，因为这里是互联网公司最聚集的地方，周边所有大公司都在这"。中关村作为中国创新心脏，在那个时间点上做这样一件事是恰好的（北京商报网，2015）。

正式确定选址后，咖啡馆开始装修。始料未及的是，反消防检查一项就花去了16万元，这在他们预算中是没有的。3位创始人中没有一个人创业过，甚至没有一个人曾经带过哪怕一个手下。最要命的是，他们还都是兼职。许单单是分析师，Ella此时还在搜狐公司做着出国频道编辑，马德龙则在一家互联网公司做策划和推广工作。

房租在装修的第一天起就开始计算了，一天花销好几百元，而且按照国家标准，一周只能装修5天，晚上和周末都不可以装修。房租每天都在交，员工必须提前招聘，那时候感觉很痛苦，想要加快装修速度，就得请客送礼。于是他们就给楼的物业送礼，一天800元，否则就不允许非装修时段装修。他们不懂装修，自然也不懂监督，开业一段时间后，水管漏水了，还滴到了地下车库。物业将咖啡店的水也停了。咖啡店没有了水，也就没办法营业。不得已他们只好去求情，并发誓一定会请人维修，合伙人Ella甚至跑过去给人家点烟，结果物业还是不同意。回来后，Ella哭得稀里哗啦，说："老娘好歹也是和各国大使一起吃过饭的人，现在沦落到给小区的保安点烟。"39万元的预算简直就是"毛毛雨"，最后装修费就花了100多万元，钱不够用了，就做了第二次募集。这也是为什么3W股东这么多的原因。因为不多募点股东，咖啡馆就开不了业。

一般公司起步的时候，都是几个人合伙，股权千万不能分散。可是3W咖啡馆从一开始就有100多个股东，这是一种创新。是他们有意为之的吗？其实并不是，是钱不够用了，逼着他们再去募集第二次、第三次。

（三）兼职转全职，3W 咖啡馆转向互联网

图 2-1　3W 咖啡馆

资料来源：易名中国网，2015-02-27.

那时候他们想着只要开业，一切步入正轨就好了。可是等到真正运营的时候才发现，他们几个根本就不懂咖啡，也不懂管理。服务员打架、偷工减料，他们都不知情。有一个服务员从吧台借走了 2 万元，也是过了好几个月才发现。后来这个服务员"跑路"了，到现在钱也没有追回来。他们对此完全无知，也不知道如何去监控。后来就想着要不要去打官司，可是服务员都找不到了。现金流也很糟糕，每个月都在亏钱，生意越做越差。如果只是几个人凑钱开的咖啡馆，倒了就倒了，当时许单单的工资已经很高，也赔得起。可这是 100 多个股东众筹的咖啡馆，这么让它倒闭，则辜负了别人对你的信任。许单单的一个师兄对他说："无数的人想把行业里的大佬拢在一起做点事情，都没有做到。最后居然是一个小朋友用一个咖啡馆的方式把大家聚集在一起了。这是上帝给了你一次机会，敲了一下你的脑袋。你却不珍惜。"师兄作为一名成功的企业家有着丰富的经验和准确的判断，因此许单单决定要救活咖啡馆。怎么救活呢？用兼职方式肯定做不好，那就全职来做。抱着背水一战、全力以赴的心态，他们开始全职经营咖啡馆。

但合伙人沟通也存在问题，当时 3 个人几乎天天吵架。估计很多顾客来咖啡馆，都见过他们吵架的样子，整整吵了两年。后来吵着吵着也觉得伤感情，就制定了一条游戏规则，他们 3 个人都必须遵守：凡是遇到问题，又没有达成共识的，他们 3 个人就在一个星期内，做一次不低于 2 小时的沟通；如果这一次还没有达成共识，那就在一周之内，再做一次不低于 2 小时的沟通。如果这一次还没有达成决议，就以许单单的为准，既民主又集中。团队协同性越来越强，分工也更为明确，对外工作主要是鲍艾乐负责，要定大方向则是许单单找两个人商量，而做网站线上的事、创业者这部分基本是马德龙负责，但相互之间都有交叉，每件事都还比较协同。

图 2-2　创始人

一杯杯地卖咖啡，简直太不赚钱了。3W 一共只有几十个座位，咖啡又便宜，20 多元钱一杯，每人点一杯咖啡，20 个人也才不过 500 元钱，而且一坐就是半天。可是如果做一场活动，可能就有两三千元的场地费。于是他们就多做活动，活动举办方都知道 3W 咖啡的名气大、股东多，希望能帮他们邀请嘉宾并在其微博平台上发布一下信息。因为 3W 咖啡微博粉丝很多，而且微博运营人员也很专业，都是互联网行业出来的人。于是，咖啡馆就帮别人邀请嘉宾、做主持、帮助发布消息。这样一次活动下来，可以有一两万元的收入。后来，他们成立了一家传播公司，帮助企业做互联网行业推广。随着业务范围越来越广，很多大企业，包括海尔、中信旅游等都成为了他们的客户，新闻发布会、产品发布会、市场推广活动，基本都是他们做的。

因为创始人不懂咖啡，就将咖啡交给专业的团队去做，他们去做跟互联网相关的业务。他们要做什么呢？不知道。反正得是基于 3W 咖啡馆做一个跟互联网相关的东西。他们又跑去融资。融资很诡异，因为还不知道要做什么。好在他们的名声足够好，行业人脉足够好，投资人觉得如果他们愿意全职来做，就支持他们去做。于是，又给了他们一笔 200 万元的天使投资，他们相信终究会探索出一个方向来。做着做着，又不行，快要"死"了。怎么办呢？做赚钱的业务。什么业务赚钱？当时他们已经开始做猎头公司了，因为有些 3W 的股东让他们帮忙找创业者、合伙人。他们感觉做招聘挺赚钱，于是就转向做招聘。将社交网站转向了招聘网站，瞬间风生水起（许单单，2015）。

二、序曲：咖啡屋里的拉勾网

(一) 中国"LinkedIn 版"创业失败

拉勾网 CMO 马德龙表示，当初做拉勾网是因为很多企业家朋友、3W 咖啡股东总让我帮忙招人，我们人工应付不过来，就打算做个系统解决这个问题，没想到一做就火了……

刚做拉勾网时，只有 6 个人，半年后也就 7 个人，产品、技术、销售、推广等，每人负责一块。这些创始员工都是马德龙从新浪微博上招来的。马德龙招聘与他人不同的地方，就是要求每人都有一个和他职位完全不相干的特质，比如产品经理是个文文弱弱的小女孩，就与大家印象中的产品经理不一样。拉勾网创立之初没有域名，也没有方向。他们觉得 3W 咖啡来的人多，参加同一个活动的人，肯定有比较强的互相认识的意愿。此时国外 LinkedIn 模式大获成功之后，很多在线招聘企业纷纷朝这个方向靠拢，因此拉勾网模仿这种做法，买了一个域名叫拉勾，意为人和人之间拉勾，一听就是做社交的网站。2013 年 2 月，第一版即 "LinkedIn 版"的拉勾网上线，但其用户加好友、讨论的意愿都没有。短短 3 个月即宣告正式关闭。这次失败的尝试使创始人认识到水土不服是个问题，中国的强关系商务社交不同于外国的弱关系商务社交，除线上业务外还需要有线下或圈子的支撑（马德龙，2014）。

（二）明确互联网垂直招聘定位

虽然业内已有中华英才网、智联招聘和前程无忧三大招聘网站，但垂直招聘领域仍有机会。中国有几百万互联网从业者，他们平均每两三年就换一份工作。创立拉勾风前，他们帮朋友招人的感受就是，找到一个合适的人太难，互联网公司招聘成本极高。大招聘网站根本满足不了这个行业个性化的招聘需求，现在越来越热的可穿戴设备、O2O 等领域，时隔不久就会有新职位出现。对互联网从业者来说，三大招聘网站上的项目太笼统，很难通过职位描述了解公司到底要找什么样的人，自己该不该投简历。

图 2-3　拉勾网

而且从应聘者来看，大部分人投递简历后，最痛苦的莫过于石沉大海。投完简历后，前一两天，企业方根本不会有联系，这时候应聘者还优哉游哉。过了三四天，应聘者开始电话不离身，上厕所都要带着电话，生怕漏接了一通电话，过了一个星期还是如此。要是过了两个星期，还没有收到面试通知，应聘者就开始绝望了。从焦虑到绝望，这个过程中应聘者很痛苦。

了解了这个情况后，拉勾网确定了互联网行业垂直招聘的市场定位。但拉勾网也有一个对手。2014年1月，两个网站一起到创新工场去融资，结果拉勾失败了。当时拉勾团队只有20多人，受限于资金和人力，拉勾决定只做微信、PC端。

三、高潮：创新来自于用户需求

（一）极速入职反馈

以应聘者的需求为中心，拉勾网进行了一系列的创新。首先，招聘企业必须给面试者回复。企业如果偷懒，不给面试者回复，怎么办呢？他们就做了一个设置。企业HR只能看到20份相对较少的简历，如果再收到应聘者的简历，只能从这20份里，点开其中一个告诉他，是面试，还是不给面试，回复1份才能进来1份。这样倒逼企业HR，决定到底是面试，还是不面试。不点开其中一份，你就收不到新的简历。在拉勾网，每一次投递都会收到企业的明确回应，最快回应时间仅为1分钟。拉勾网的"24小时极速入职"，彻底颠覆了"投简历石沉大海"的国民痛点。由于精准的职位匹配，求职者平均每8次投递就会获得1次优质面试机会。

其实在整个中国，中小企业数量庞大，他们求才若渴，又收不到多少简历。所以当他们收到简历的时候，都会第一时间看，第一时间回复。当时拉勾只做PC端和微信端。尤其是微信端，HR收到简历时会第一时间弹出来。所以，HR 通常都会第一时间看，可能 10 秒钟就看完了简历。看完简历之后，觉得还不错，就按一个钮，"通知面试"。然后再在里面选择一个面试时间，一切方便快捷，一分钟之内就搞定了。在拉勾网上，HR 收到的简历按照待处理、可面试、已通知应试、已拒绝简历等类别按照关键词自动过滤进行分类管理，各项操作仅通过鼠标即可完成，某些岗位甚至可以采用"24 小时极速入职"这种高效直招。因此，拉勾网在上线 9 个月里便接收用户简历超过 60 万份，入驻企业超过 5000 家。

这是一个极强的创新，以至于颠覆了用户的认知。很多应聘者在拉勾网上投了简历之后，一分钟之内就收到了面试通知，还以为是拉勾网在忽悠他，他们将它贴到了网上，说拉勾网怎么骗他。看来太快了也不行，让人感觉不真实。于是拉勾网就延迟一点时间。凡是 HR 在一分钟之内回复应聘者的，拉勾网就在后台给它延迟 30 秒。就是因为快，拉勾网获得了很好的口碑，迅速蹿红。

拉勾网也有过失败的创新。当时他们想，如果一个人通过拉勾网拿到面试通知，他们就派一辆专车去送他面试，然后再把他接回来。他们觉得这样的服务足够贴近人心。但是拉勾网又不能给所有的面试者提供这项服务，因为拉勾网每天有近两万人面试，不可能派两万辆车去，所以他们就给高端用户，即那些工作六七年以上、年薪在 30 万元以上的人，提供专车接送。他们花了 10 万元预订了滴滴专车，结果试行几星期之后，一个需要车的人都没有。他们特别惊讶，就问为什么。原来这群人都有车，不需要专车（许单单，2015）。

（二）详尽的招聘公司信息

为保护求职者的利益，要求招聘公司提供详细的信息。招聘公司的主页、产品、发展阶段等资料会被列出来，比如 360 的公司资料里就显示其是美国上市公司，CEO 是周鸿祎，以及他的个人资料、工作经历，求职者还可以一键查看他的微博，同时还有关于 360 的相关报道"360 大萌妹子首度集体告白"。这些能帮助求职者更好更全面地了解招聘公司，求职者面对的不再是一个冷冰冰的网页，而是带着丰富元素和色彩的立体信息，同时也是对招聘公司一次很生动的宣传。拉勾网为维护应聘者利益不惜与行业巨头对抗，在拉勾网，如果不按规则办，都会被下架，停止服务。电商巨头京东的招聘信息曾被两次下架，"我们对企业很强势。我们保护用户利益，因为在这个行业，信息是失衡的，优秀人才是极度稀缺的，我们保护求职者的利益，其实也是在保护企业。只有这样，他们才能找到更好的人才"，马德龙说。在拉勾网，岗位薪水是必须要标注的，但京东在招聘时，包括前台、开发工程师等十几个职业，刚开始薪水全都是 1000 元，拉勾网联系了京东，要求对方进行处理。但拉勾网工作人员很快发现，京东把所有人的薪水都改成了 10000~15000 元。因为这种无视规则的行为，拉勾网直接将京东的职位下架了，以至于后来京东高管找马德龙交涉，但直到对方按照规则完善后，职位才重新上架。

（三）应聘者信息高保密性

拉勾网为了保护求职者的信息安全和隐私，硬性规定只有求职者自己才能给企业发简历。在拉勾网，是求职者和企业方一对一直接联系。这有效杜绝了第三方获取求职者个人信息风险。对于企业，拉勾网要求信息尽可能详细披露，接近透明化。比如说，拉勾网上很多企业，外界知道的名字和工商注册的名字不是一样的，比如 360 几乎人人皆知，但很少有人知道北京奇虎科技有限公司，传统网站用的都是企业工商注册的名字，这导致求职者看到的信息是不对称的，会极大影响求职和招聘效率。拉勾网会强制性要求招聘公司使用外界皆知的名字。

（四）高性价比的垂直招聘服务

相比猎头而言，猎头是人工的，成本更高，如果拉勾网招聘一个人收2000元，猎头最少拿20000元。而且拉勾网能更精准地知道行业情况，快速响应，就算一个小的专业或者行业出来，拉勾网都能快速响应。拉勾网平台上的职位量和企业量，远远大于猎头。相比猎头而言，求职者上拉勾网会拥有更多的应聘机会（马德龙，2014）。

四、尾声：创业服务平台

3W咖啡最初是想给圈内朋友提供一个聚会场所，大家有固定的地方交流一下各自对产品和互联网的看法。后来，一些有创业想法的人也在这里聚集，讨论各自的创业方案，而股东也有一些投资需求。渐渐地，3W就成了今天这样一个为互联网创业者提供方便的场所。有人在这里寻找资金，有人在这里交流想法，还有人在这里寻求帮助。从最初中关村西区立方庭大厦南侧200平方米的小楼，到如今海淀图书城籍海楼对面能同时容纳上千人的大三层。拉勾网脱胎于3W咖啡，是3W咖啡子公司，3W咖啡为集创业孵化、投资、猎头、公关服务和在线招聘于一体的创业服务平台，平台员工达到五六百人。目前超过95%的知名互联网公司在使用拉勾网，在高成长型互联网企业中，拉勾网已成为贡献40%以上招聘服务的渠道。拉勾网成功的每一步都不是规划好的，而是一个试错过程。创业者应当坚持创业本身，就像瞎子走路。只有一条正确的路，但他需要你不断地尝试，才能找到。

附　录

拉勾网关键事件

2013 年 7 月 20 日，拉勾网正式上线；

2014 年 3 月，完成 500 万美元的 A 轮融资；

2014 年 8 月，完成 2500 万美元的 B 轮融资，估值 1.5 亿美元；

2016 年 3 月，拉勾网宣布获得 2.2 亿元 C 轮融资，本次融资由弘道资本领投，启明创投、荣超投资等跟投。

第二节　案例分析

一、价值定位

（一）客户细分

拉勾网创业团队成立之初，其实是打算成立一家咖啡吧，后来咖啡吧每天会遇到很多创业朋友，他们与拉勾网团队交流的永恒话题只有两个：融资和招人。3W 能很容易帮创业者找到资本，但在招人方面比较为难，而互联网企业求贤若渴。因此 3W 在此基础上进行延伸，以其在互联网行业的影响力和线上资源，开始做在线招聘。

近年来，网络招聘呈现出爆发式发展，其模式基本趋于成熟，国内的人力招聘市场被前程无忧、智联招聘和中华英才网等几大传统招聘网站所瓜分。但这些传统招聘网站存在双方不对等、信息繁杂冗长、信息筛选过滤不足等诸多缺陷，在中高端人才招聘市场，几乎所有的人力资源工作者都对其疯狂"吐槽"。甚至有不少 HR 抱怨，在传统招聘网站上收到近百份简历，勉强入围面试的却只有一两个人，传统招聘网站高成本、低效率的弊病显露无遗。随着职业社交网站和猎头招聘网站的服务模式、盈利模式日渐清晰，招聘市场针对低端（传统招聘）、中低端（传统招聘和职业社交网站）、中高端（职业社交网站）、高端（职们社交网站和猎头网站）四大领域细分的趋势也日益明朗化。这促使招聘行业加速进化，衍生出了一种新的形式——细分的招聘网站。比如，金融领域的金融圈，电子商务领域的派代网，生物医药领域的丁香人才网，畜牧领域的中国畜牧行业招聘网，等等。虽然这些专业招聘网站良莠不齐，但细分市场的大趋势从中可见一斑。细分之后，企业只专注于某一特定领域，能更好地提升招聘服务的针对性与专业性。对个人求职者来说，一个专业招聘网站更可能为其提供心仪企业，从而提高获得满意工作的几率。而对于用人单位来说，细分的招聘网站对其所在领域更专、更精，提供的人才信息更专业、质量更高。

因此，结合自身的圈子优势和互联网经验，拉勾网确定以"垂直细分"为标志，专门针对互联网行业进行人才招聘，几乎囊括了互联网领域所有专业、职位。

（二）客户痛点

痛点的寻找，是以客户对招聘网站的抱怨为切入点的。应聘者的抱怨数不胜数，例如，满屏闪瞎人眼的广告，难以找到重点的页面布局，难看的界面设计，让人痛苦的注册流程，各种无耻的增值服务，工资是"面议"等，针对这些问题，拉勾网都在积极寻求解决办法。

（三）解决方案

拉勾网规定企业必须给面试者回复。一旦企业不给面试者回复，拉勾网设计惩罚机制，企业 HR 只能看到 20 份相对较少的简历，如果再收到应聘者的简历，只能从这 20 份里，点开其中一个告诉他，是面试，还是不面试，回复 1 份才能进来 1 份。这样倒逼企业 HR 提高简历筛选效率。

二、价值创造

（一）产品开发

拉勾网围绕用户需求开发产品，力争解决市场上客户对招聘网站的各类抱怨和不足，具体开发阶段如表 2-1 所示。

表 2-1　拉勾网产品开发三阶段

	阶段一 （2013~2014 年）	阶段二 （2015 年上半年）	阶段三 （2015 年下半年）
业务特点	业务逻辑简单，页面少	快速成长，功能越来越多	用户激增，网站效率需提升
网站样式	网站开发的原始方式	开发方式变化，开发如弹出框、分页、轮播等组件	把旧模式下开发的页面和新模式开发的页面拆分，制定拉勾规范，搭建组件库
产品变化	与多数网站相似，无亮点	搜索结果页改版 公司主页改版 公司列表改版	更好的本地调试功能 更好的发布方式 更好的页面性能优化

（二）客户体验

在网站讨论区里，经常会看到拉勾网员工在听取用户的意见，他们将意见汇总之后定期更新产品，将新功能告知用户。明确的薪资，完善的企业地址、规模、创始人等资料正是传统招聘网站没有但用户确确实实希望看到的。

（三）产品迭代

拉勾网产品迭代策略包括六点：第一，前瞻性，把未来可能去做的事情想清楚；第二，尽量不改变大架构，因为大改会影响客户体验，而且耗时费工；第三，平衡产品优先级跟开发设计成本的关系；第四，产品设计要得到所有产品参与者认可，如果连设计参与者都没有认可，迭代速度肯定不快，因为参与者积极性不高；第五，遵循二八原则，满足 80% 的用户需求，判断哪些功能的投入产出比更高、更值得迭代；第六，如果不保持产品迭代创新，则很容易被复制甚至被超越。

三、价值传递

（一）品牌传播

首先，把服务做到极致，通过口碑吸引用户。拉勾网决定不做自己的APP，在 APP 如火如荼的当下，这确实需要足够的勇气。他们之所以不做APP，也是因为看到了 APP 的流量困境：只有进入了各大应用商店榜单的APP 才能被用户关注并下载，而要进入榜单必须花费大量的市场推广费用。与其这样，不如踏踏实实做好自己的网站和微信服务号，通过口碑吸引用户。

其次，运用 3W 咖啡馆资源。3W 咖啡馆已经成为了互联网人士的聚集之地，那里每天都有互联网公司举办各种发布会和沙龙，吸引大批互联网人士前来光顾。他们非常注重收集这些到会人员的信息，鼓励这些人去拉勾网注册和完善简历。

最后，线上、线下推广活动。线上，拉勾网在许多网站（如虎嗅网等）发布职位信息；线下，北京中关村的 3W 咖啡馆外面几乎全部被徐小平（拉勾网的天使投资人之一）的拉勾网广告覆盖。2016 年 7 月 2 日，拉勾网开始举行"理想之上"全国主题巡回活动，分别在上海、杭州、北京、深圳、广州、成都 6 个城市开展巡回演讲，活动现场拉勾网 CEO 马德龙携手咕咚联合创始人、CTO 司建铭，Camera360 联合创始人、COO 顾锐，TubeMogul VP of Engineering 王鹏，睿码科技产品及项目总监曾敏等，与观众分享职场感悟，吸引人才和企业的加入。

（二）渠道分销

拉勾网通过 PC 端、微信端平台建设，实时更新招聘信息。此外拉勾网还通过线下活动吸引人才和企业的加入。

（三）盈利模式

（1）增值服务收费。拉勾网提供增值服务，具体公开报价内容如表 2-2 所示。

表 2-2　拉勾网招聘付费服务表

服务名称	持续时间	价格（元）	说明
热门职位	1 月	6000.00	首页下半部热门职位展示
微信职位推广	1 次		单个职位在拉勾网的微信公众账号进行职位推广
首页 LOGO 展示	5 天	10000.00	在拉勾网首页上半部进行 LOGO 展示
拉勾主题活动	3~5 天	24000.00	参与拉勾专题活动，在首页 Banner 位置展示，多渠道推广
拉勾定制招聘	—	项目报价	根据客户要求，提供定制化推广方案

（2）参照猎头解决方案的收费方式。拉勾网希望参照猎头的模式，未来能够按照入职收费，走猎头的路，让猎头无路可走。借助系统服务的低成本，服务起来能够批量化，成本更低，拉勾网招聘一个人收 2000 元，而猎头最少拿 20000 元。

第三章

饿了么：平台商业模式

饿了么（ele.me）是中国知名的在线外卖订餐平台，已覆盖中国数百个城市，数千万用户，聚集了数十万家餐饮商户。饿了么为中国许多地区的用户提供丰富多样、简单快捷的在线订餐服务；为不同类型的餐饮商户提供基于互联网技术的一体化运营解决方案。

第一节 案例故事

饿了么于 2008 年创立于上海交大的男生宿舍。截至 2015 年，已获得 E 轮融资，拥有几千名员工，服务范围也从上海交大周边快速扩展到全国 250 个城市，这便是中国最大的在线外卖订餐平台饿了么的快速发展轨迹。

2016 年 1 月 27 日，饿了么召开新闻发布会，CEO 张旭豪宣布获中信产业基金、腾讯、京东、大众点评、红杉资本联合投资 3.5 亿美元。饿了么还将与战略投资方达成深度合作。融资完成后，饿了么将继续保持独立运营。

发布会后，张旭豪在接受采访时难掩喜悦，他豪言，饿了么要做餐饮界的阿里巴巴，目标是成为估值 1000 亿美元的公司。

图 3-1 饿了么

资料来源：腾讯科技，2015-11-25.

一、创业梦伊始

2008 年 1 月 27 日，在上海交通大学（以下简称"交大"）机械与动力工程学院宿舍里，张旭豪等几个室友打电脑游戏，玩到午夜 12 点。觉得饿了，打电话叫外卖，谁知电话要么打不通，要么没人接。大家又抱怨又无奈，饿着肚子聊起来。"这外卖为什么不能晚上送呢？""晚上生意少，赚不到钱，何苦？""倒不如我们自己去取。""干脆我们包个外卖吧！"没想到聊着聊着，创业兴趣被聊了出来。这几个研一的硕士生开始讨论和设计自己的外卖模式，这一聊就聊到了凌晨四五点。

创业就这样从不起眼的送外卖服务开始了。张旭豪和康嘉、汪渊、曹文学一起，将交大闵行校区附近的餐馆信息搜罗齐备，在宿舍里设一部热线电话，两个人当接线员、调度员，并外聘 10 来个送餐员。只要学生打进电话，便可一次获知几家饭店的菜单，完成订单。接着，送餐员去饭店取餐，再送到寝室收钱。几个月下来，大大小小 17 家饭店外包给张旭豪做外卖。他们专门花了几万元，印制了饿了么外送册，不仅囊括各店菜单，还拉来了汽车美容等周边商家广告，结果基本收回制作成本。整整1万本外送册覆盖到了每个寝室，饿了么在校内出了名。这一模式完全依靠体力维持业务运转，没有太大的扩张余地。唯一的好处是现金流充沛：餐费由他们代收，餐馆一周结一次款。

只有互联网能够大规模复制并且使边际成本递减。2008年9月，饿了么团队开始研发订餐网络平台，张旭豪先通过校园BBS招来软件学院的同学入伙。正巧，交大软件学院的叶峰也看好这个创业"突破口"。于是，饿了么网络订餐系统的"交大帮"初步形成。用了半年左右，他们开发出了首个订餐网络平台。用"ele.me"（饿了么的汉语拼音）注册网址，网站订餐可按需实现个性化功能，比如顾客输入所在地址，平台便自动测算周边饭店的地理信息及外送范围，并给出饭店列表和可选菜单。

网络订餐系统初运营时，已有30家加盟店支持，日订单量达500~600单。可那段时间，张旭豪和康嘉却因为过于奔忙劳碌而"后院起火"：先是窃贼光顾宿舍将电脑等财物一掠而空；接着，一位送餐员工在送外卖途中出车祸；随后，又有一辆配送外卖的电动车被偷……

重重压力下，张旭豪不得不撤销热线电话和代店外送，让顾客与店家在网上自动下单和接单。原有配送服务被砍掉，专注于网上外卖订餐。与"饭统网"或"订餐小秘书"不同，饿了么没有呼叫中心这一环节，用户需求可以直达餐馆。截至2012年，饿了么网站上的交易额已经达到6亿元，网站收入接近1000万元。需要指出的是，外卖平均客单价只有20元左右。从上海西南的闵行高教区起步，网站业务扩展到了北京、杭州、广州的高教区和写字楼，推出了APP和Android客户端，公司人数也从2011年的80人扩充到200人。

一开始，张旭豪和康嘉就抱定了全身心投入的念头：要创业就必须休学。汪渊、曹文学最终没有休学，退出了创业团队。2009 年 9 月，网站开发阶段就一起合作的交大软件学院学生叶峰在本科毕业后正式加入团队，加上后来陆续加入的汪渊、邓烨、陈强，核心团队稳定在了5~6 人。

二、不停参赛给网站造势

为了给网站造势，张旭豪不停地参加各种创业大赛，以扩充创业本金。2009 年 10 月，饿了么网站在上海慈善基金会和觉群大学生创业基金联合主办的创业大赛中，获得最高额度资助 10 万元全额贴息贷款。12 月，网站在欧莱雅大学生就业创业大赛上，获得 10 万元冠军奖金……

通过创业竞赛，团队总共赢得了 45 万元创业奖金，获得资金的饿了么网站如鱼得水，截至 2009 年底，订餐平台已有 50 家餐厅进驻，日均订餐交易额突破万元。

为了网站发展，张旭豪招来了网站技术总监汪渊，汪渊专门编写了一个小软件，可在校内 BBS 上给每个会员用户自动群发站内消息，其中规模最大的一次发了 6 万条。饿了么网站因此访问量大增。

靠线上和线下广告吸引学生订餐容易，但吸引更多饭店加盟绝非易事。多数店家保持半信半疑的态度："我在你的网上开个页面，放几份菜单，你凭什么就要抽 8%？"对此，张旭豪的策略是："谈，不停地谈。"他们每天出门"扫街"，最忙时一天要"扫"100 多家饭店，最难谈的饭店，"谈"了 40 多个回合才拿下。

2010 年 5 月，网站 2.0 版本成功上线。饿了么不仅攻下华东师范大学，连附近紫竹科学园区也被纳入自己的"势力范围"，顾客群从大学生拓展到企业白领。仅隔一个月，饿了么就推出了超时赔付体系和行业新标准。9月，饿了么全上海版上线，合作餐厅超过千家，单月最高交易额达到了百万元。

2010年11月，手机网页订餐平台上线，订餐业务不仅覆盖了全上海，目标还直指杭州、北京等大城市。2011年3月，饿了么注册会员已超过两万人，日均订单3000份。这一战绩，很快引起了美国硅谷一家顶级投资公司的高度关注，接洽数次后，饿了么成功融得风险投资100万美元。

三、E轮融资后钱怎么花

2011年7月，饿了么相继成立北京和杭州等两大分公司，风投紧随而来，2013年完成B轮和C轮融资，2015年完成D轮8000万美元融资。

2016年1月27日，饿了么召开新闻发布会，张旭豪宣布获中信产业基金、腾讯、京东、大众点评、红杉资本联合投资3.5亿美元。

张旭豪分享了2014年的主要业绩：2014年饿了么平台交易总订单量达到1.1亿单，日订单峰值200万单，市场占比60%；覆盖全国超过250个城市，20万家餐厅及2000万用户；移动端交易额占比超过75%，牢牢占据着中国最大在线外卖订餐平台的位置。

过去几年来，高校学生群体是饿了么的主力消费群体，从扩张轨迹中可以看到，饿了么仍然在延续这种从高校开战的打法，新增的100多个城市基本都是从高校"扫街"开始。

但学生群体的消费能力和忠诚度都很难令人满意。除了在三四线城市快速铺开，饿了么也在筹谋在几个比较成熟的市场中，实现从高校到办公楼，从学生到白领的另一种扩张。

2015年8月，饿了么在上海10万块分众楼宇显示屏投放免费午餐广告，共送出了 20 万份 20 元代金券。从学生宿舍楼的传单到楼宇广告的投放，获取白领用户的成本显然更加昂贵。但对饿了么来说，白领及住宅市场是不得不攻下的一城。

据介绍，这轮融资除了资本层面的合作，饿了么也将与腾讯、京东、大众点评等合作伙伴达成资源方面的深度合作。通过集合合作伙伴在不同领域的优势资源，饿了么将逐步搭建一个全新的在线外卖领域的生态系统。

在完成 3.5 亿美元 E 轮融资时，张旭豪当时称融资后有三大任务：第一，继续完善高校的外送服务；第二，大规模地开拓白领住宅市场，通过整合各方优势快速获取用户；第三，搭建以自有物流为中心，社会化物流为辅助的物流配送平台，铺设广泛覆盖的 "最后一公里" 物流网络。饿了么副总裁罗宇龙说：饿了么 E 轮之后的一大战略重心是提供更好的用户与合作商体验。

而在这两轮融资中间的半年多中，饿了么主要做了几件事情：

2015 年 5 月，饿了么在"棉袄比基尼自白会"上透露，他们在 4 月已经上线了自行研发的蜂鸟配送系统；6 月，蜂鸟系统正式上线；8 月 14 日，饿了么低调上线了食材 B2B 采购平台"有菜"，采用类似淘宝的平台模式，为买卖双方提供交易平台，连接批发商和餐厅。

2015 年 8 月 16 日，CEO 张旭豪宣布：蜂鸟系统开始正式对接第三方团队和众包物流，除了送外卖，还将接入更多的本地生活服务的配送。可以看出，"有菜"平台的推出，除了应和罗宇龙所说的提供更好的用户及合作商体验外，同时也意味着饿了么的触角已开始向上游产业链延伸。而张旭豪此前想搭建的物流配送平台，则随着蜂鸟系统的上线和正式对外开放，有条不紊地走上正轨。

但对饿了么来说，目前在外卖市场面临的战况依然非常严峻：2015 年底，美团宣布完成 7 亿美元融资，目前还有消息称美团外卖也会独立融资；6 月，阿里巴巴和蚂蚁金服合资 60 亿元成立新"口碑"，并推出以淘点点移动端为基础的"口碑外卖"；7 月底，百度外卖完成独立融资，李彦宏宣布把百度外卖业务拆分独立发展。除了巨头，其他一些规模稍小的创业公司也在跟进。

所以，在竞争惨烈的年代，饿了么在这一次大手笔的融资后，又需要向哪几个方向发力？

2015 年 7 月，张旭豪在接受《财经》采访时称，未来饿了么的重点是——物流和配送，并以此建立核心竞争力。张旭豪称，未来饿了么将从一家外卖公司延展为一家网络提供商。在前端（流量端），从外卖拓展到生鲜、蛋糕、超市、药品等品类，线下商家通过入驻饿了么获取订单，同时在后端由饿了么配送。"未来，我们像淘宝一样为 O2O 提供水、电、煤等基础设施。流量需求方要付流量的费用，物流需求方要向我们付物流的费用。"他说。

以物流和配送为核心竞争力，结合饿了么自身平台的流量优势，将二者进行整合，为 O2O 提供基础设施服务——这个定位与饿了么长期作为外卖平台出现的公众形象来说挺不一样的。但在为其他 O2O 提供基础设施前，饿了么首先需要解决的是外卖范围内自己的物流和配送。

此前他们尝试过自建物流配送团队。但运营成本高，很难快速地扩大团队规模。目前饿了么的日订单峰值已经超过 200 万单，这是他们拥有的 4000 人专职配送团队所无法消化的。另外，外卖的订单量主要集中在早晚高峰，非高峰时段自建的配送人员一多就等于没事做，自建增加成本。而单纯依赖自己搭建众包物流也不现实，因为众包这种社会化物流的模式，如果脱离了第三方的性质，单纯只为饿了么自己服务，兼职的配送人员在非高峰时段容易"欲求不满"，配送人员的效率无法发挥到极致，配送质量也不好掌控。

随着蜂鸟配送系统正式对外开放，可以看出，饿了么正在选择一种"折中"的方式解决这个问题。一方面，蜂鸟系统自己对接众包物流——饿了么拿出 1000 万元补贴招募 10 万名兼职配送员，目前据称已经拥有了超过 20 万的社会化物流人员；另一方面，蜂鸟系统还对接顺风等第三方物流团队——在蜂鸟对外开放的发布会当天就有 1000 家大大小小的第三方物流企业参加。除此之外，饿了么此前还和包括达达等在内的 20 多家第三方物流达成合作。在无法自己缔造一个物流帝国时，饿了么选择了在力所能及的情况下拉拢一堆小伙伴，依靠生态的力量建造物流体系。

总结起来，饿了么是靠自建物流、蜂鸟对接的众包物流+第三方物流、合作的第三方物流这三部分的物流力量消化自己的订单。同时，饿了么还把蜂鸟配送系统开放给了其他商家，这些商家通过加盟形式能够利用蜂鸟及时配送能力消化自己的订单，而这些订单的品类不仅仅局限于外卖。

这时的饿了么，拿着蜂鸟配送这张牌，就相当于拿着一个达达，很轻松就能给投资人讲另一个关于"最后三公里"的城市毛细血管物流网络的故事。数据显示，这个故事或许并不遥远——目前饿了么开放配送平台已覆盖全国 260 多个城市，日峰值配送订单突破 80 万单。而作为对比，对接了包括饿了么、京东、百度、淘点点在内的平台的达达，每日配送量超过 70 万单。蜂鸟的 80 万单已经超过了达达的 70 万单。

如果饿了么在融资之后继续发力蜂鸟系统的建设，蜂鸟系统会变得越来越大。这时凭借蜂鸟系统把物流和配送打造成新的核心竞争力，再拿这套物流配送体系去服务其他 O2O 到家服务，也能为饿了么寻找新的业务增长点和其他渠道的变现能力。

阿里巴巴和饿了么已于 2015 年 12 月 17 日签署投资框架性协议，阿里巴巴投资饿了么 12.5 亿美元（约合 81 亿元人民币），占股 27.7%，成为饿了么第一大股东。获投资后，饿了么估值超过 45 亿美元，继续独立运作。饿了么倒向阿里巴巴是必然，也是美团、点评合并交易在网上订餐领域产生的余波。失去点评支持后，面对拥有美团支持的美团外卖和百度支持的百度外卖，饿了么很难保持独立运营。

2016 年央视"3·15 晚会"上，饿了么外卖平台被曝光存在多个商家无证无照经营，且饿了么公司经理为这些无照经营的外卖商家提供各种支持，引导商家虚构地址、上传虚假实体照片等。对此，饿了么创始人兼 CEO 张旭豪发内部信称，公司确实存在无法回避的问题，管理层愿承担责任。

张旭豪紧急回应，饿了么食品安全监管问题被点名曝光，暴露出公司在资质审核和管理环节存在着无法回避的问题，"我们必须承认，在食品安全管理上，饿了么确实存在失职之处。我和管理层也应对此承担责任"；对于曝光的问题，必须"去寻求更完善的方式和方法解决问题"，并且"要快，要坚决，要见效果"。

附　录

饿了么的七轮融资历程

饿了么自 2008 年上线，至今已获得七轮融资：

2011 年完成数百万美元的 A 轮融资，投资方为金沙江创投；

2013 年 1 月，B 轮融资，投资方为金沙江创投经纬中国，融资规模为数百万美元；

2013 年 11 月，C 轮融资，红杉中国领投 2500 万美元；

2014 年，D 轮 8000 万美元融资，大众点评领投；

2014 年 12 月，E 轮融资，融资金额 3.5 亿美元，投资方为中信产业基金、腾讯、京东、大众点评及红杉资本；

2015 年 8 月，饿了么获得 6.3 亿美元融资，由中信产业基金、华联股份领投，创下全球外卖平台单笔融资金额最高纪录；

2015 年 12 月 17 日，阿里巴巴和饿了么签署投资框架性协议，阿里巴巴投资饿了么 12.5 亿美元（约合 81 亿元人民币），占股 27.7%，成为饿了么第一大股东。

第二节　案例分析

一、价值定位

（一）客户细分

宅文化催生外卖行业。"每天家—办公室—家，能不出门就不出门，没有人打扰也不用看人脸色，打开电脑，一切都有了……"现代人猛然发现，自己的生活似乎越来越和人们说的"宅一族"靠拢了。近年来，随着网络的普及以及生活压力的加大，许多国家越来越多的青年人更喜欢"宅"在家里，沉迷于自己个人的兴趣爱好中。尽管这种"宅文化"一兴起就频频遭到"与社会脱节"等各种指责，但"宅文化"在世界上似乎正悄然成为一种时尚。如今"宅文化"不仅引领着电影、动漫和网络文化的潮流，而且意外地促进外卖、快递等行业的兴起。校园和白领市场是外卖平台竞争的主要板块。

（二）客户痛点

（1）学生需求。学生希望不用出门，以便宜的价格、便捷的支付方式享受快的送餐速度、热乎的饭菜、灵活的就餐时间。

（2）白领需求。白领希望能满足以下要求：食品安全、高的食物质量、好的送餐服务、便捷的支付方式、优质的盛菜器具、方便省时、能报销。

（3）家庭需求。家庭希望能满足如下要求：食品安全、高的食物质量、膳食营养、饭菜的味道、方便、省时、选择的丰富性。

（三）解决方案

（1）针对优惠：补贴（微信外卖红包，首单补贴，蜂鸟配送补贴，赠饮）。

（2）针对速度：蜂鸟配送，距离标示，平均送达时间。

（3）针对时间：早餐、下午茶、夜宵的分类在首页显示。

（4）针对起送价：拼单。

（5）针对报销：发票。

（6）针对食品安全：2016年"3·15晚会"上对饿了么加盟餐馆的卫生和资质等问题进行了首次曝光。饿了么在遭遇首次曝光之后宣称已进行了多项改革，比如和360公司合作，在餐厅后厨中安装了万台智能摄像头进行实时监控，杜绝厨师手指尝菜、饭盒再利用等行为。

（7）针对多样性：与各大公司合作。

二、价值创造

（一）产品开发

饿了么提供的产品和服务是在饿了么订餐交易平台开通有经营权的店

铺，发布产品信息，为普通用户提供外卖服务。同时，饿了么为餐厅提供有效的管理软件：自行组装终端。

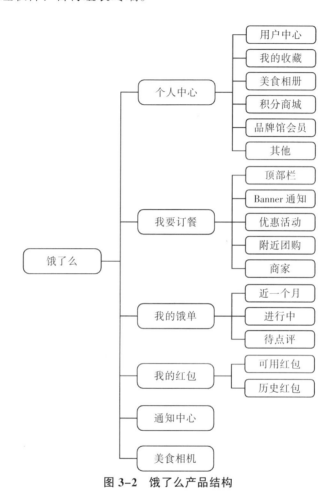

图 3-2　饿了么产品结构

（二）客户体验

ele.me 网站是一家页面功能最为简洁直观的外卖网站，且注重用户体验，而不是内容或者花色的堆砌。由团队自主设计，有为大学生量身定做的功能布局，丝毫没有多余的东西，谁都能看懂，只需点几下鼠标，即使没上过网的人也能根据导引订餐成功且流程方便快捷，无须像淘宝注册那样。绑定账户，只需填写地址、电话，省去很多不必要的环节。网上订餐就是图个方便，饿了么恰恰满足这一需要。饿了么功能细心有趣，因为设计者本身就是大学生，了解才能迎合，如谁去拿外卖、快捷留言功能，充分体现了对宅男宅女这些面向对象的体贴。整个网站令用户浏览起来十分愉悦，食欲也会大增。

（1）网络订餐系统。饿了么网络订餐系统是一种全新的社区化电子商务模式，它为社区内的餐厅和顾客搭建了一个高效的网络订餐平台，顾客可以通过网站、手机等一系列数字终端浏览其周边的餐厅信息，并且直接在线下单，完成交易。而餐厅就像在网络上又开了一家餐厅一样，饿了么网络订餐系统拥有上海最完整的餐厅地理位置数据与外卖餐厅信息的数据系统，目前申请的一项专利技术"通过 Web 访问销售终端"也是行业中一大核心技术。

（2）自行组装终端。餐厅是如何收到消费者的订单呢？很大一部分得益于团队 CTO 叶峰自主研发的餐厅终端。餐厅只需要安装饿了么特制的终端就能直接接收顾客订单，并配送外卖。安装饿了么网络订餐系统特制的终端能使餐厅更轻松地管理自己的网上餐厅（其中包括：订单处理打印，营业额统计，优惠信息发布等功能）。餐厅使用自行组装终端软件每年只需向饿了么预付一定的年费，不用按外卖量提成，一个终端的价格比 POS 机还便宜，并且还具有不会中毒的优势；终端打印机一式三份地打印账单，也提高了店家的结账效率，因此餐厅非常乐于接受。

（3）人性化设计。饿了么足足花了半年时间开发出的网络平台可按需实现个性化功能，比如顾客输入所在地址，平台便自动测算周边饭店的地理信息、外送范围，给出饭店列表和可选菜单；而在平台端，饭店实时接到网络点单，可直接打印订单及外送地址。且饿了么在网站上提供一系列的小游戏，从而迎合消费者的心理。饿了么为了更好地与消费者沟通，帮消费者解决订餐难题，建立了一套完善的反馈机制，通过资料显示，33.9%的消费者会在遇到意外情况的时候选择在饿了么的网页上"给管理员留言要求尽快送到"，这说明，消费者中有相当一部分的人是比较相信饿了么的反馈功能及其反馈速度的。反馈功能的作用不仅可以了解到加盟店的质量与动向，从而相应地进行调整与沟通；同时提升了饿了么网络订餐的专业程度。在某些下雨等特殊情况下，饿了么的首页上会显示"雨天路滑，外卖大哥会晚些到"、"此店家现在十分忙碌"等友情提示。

（三）产品迭代

2015 年 4 月，上线了自行研发的蜂鸟配送系统。

2015 年 6 月，蜂鸟系统正式上线。

2015 年 8 月 14 日，饿了么低调上线了食材 B2B 采购平台"有菜"，采用类淘宝的平台模式，为买卖双方提供交易平台，连接批发商和餐厅。

2015 年 8 月 16 日，CEO 张旭豪宣布：蜂鸟系统开始正式对接第三方团队和众包物流，除了送外卖将接入更多的本地生活服务的配送。

2015 年 7 月，张旭豪在接受《财经》采访时称，未来饿了么的重点是——物流和配送，并以此建立核心竞争力。张旭豪称，未来饿了么将从一家外卖公司延展为一家到家网络提供商。在前端（流量端），从外卖拓展到生鲜、蛋糕、超市、药品等品类，线下商家通过入驻饿了么获取订单，同时在后端由饿了么来配送。

三、价值传递

（一）品牌传播

（1）线下有档次的宣传。门店推广，各外卖门店有醒目的饿了么海报宣传，员工身着饿了么外卖T恤，门外有饿了么送餐车广告推广，大型路口有饿了么宣传灯箱、立板，公交、地铁等公共交通工具上有宣传海报，社区、校园、写字楼广告，杂志、报纸报道。

（2）线上有内涵的渗透。电视热门频道循环播出王祖蓝代言的饿了么广告并在各大视频网站播放饿了么广告，在搜索引擎、博客进行周边推广，新闻报道，与游戏等其他公司捆绑宣传，在微信、微博大力宣传。

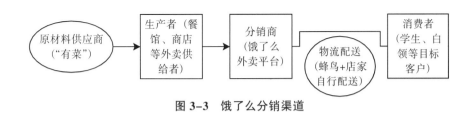

图3-3　饿了么分销渠道

（二）渠道分销

分销渠道一端连接生产，另一端连接消费，是从生产领域到消费领域的完整的商品流通过程。在这个过程中，主要包含两种运动：一是商品价值形式的运动（商品所有权的转移，即商流），二是商品实体的运动（即物流）。

乍一看，饿了么作为一个外卖平台，承担的只是商品实物的运动，中间并未或很少创造或分得商品的价值，但是，从整个供应链上看，饿了么从生产商的上游通过建立"有菜"平台从原材料供应上分得了一杯羹；而从商品配送的角度，通过建立蜂鸟配送，又在物流领域寻得了新的利润空间，并且这将成为未来几年饿了么平台的主要利润增长点。

（三）盈利模式

饿了么目前采取比较理性的补贴政策，很多领域市场已经下调补贴，甚至停止补贴。"在明年，或者当饿了么达到一定规模，我们会对外透露更多关于在具体盈利模式方面的思考，目前对这一部分的考虑还需要时间。"张旭豪说。

可能的盈利模式正逐渐浮现。"竞价排名和广告方面的收入刚刚起步，目前饿了么的收入来源以为商户提供 SaaS 基础服务和物流方面为主。"张旭豪透露，明年饿了么的广告系统和竞价排名系统，将进行更大规模拓展。SaaS 基础服务、竞价排名、物流和供应链，将成为饿了么的主要收入来源。

张旭豪坦承，饿了么正在借鉴已形成良好商业模式的企业，其中包括淘宝、百度和京东，"一家拥有海量用户、与交易密切相关的产品的企业，其盈利模式已被市场充分验证。"

在收入来源中，饿了么对于竞价排名仍较为谨慎：在综合排名系统中，竞价之外还包括商户的响应速度、用户评价等多方面，目前该系统正在部分城市进行测试。

在自营物流方面，除了向商户方抽成，饿了么还向消费者收取 7 元的物流配送费。此外，饿了么未来将上线一套实时调价的物流系统——类似 Uber 在用车高峰时段的按需调价系统。

在补贴方面，饿了么内部专门团队负责建立一套补贴系统，并不断优化系统，根据不同地区不同人群的价格敏感程度，给予不同补贴。

第四章
Bilibili：弹幕网商业模式

Bilibili 是国内知名的视频弹幕网站，这里有最及时的动漫新番，最棒的 ACG 氛围，最有创意的 UP 主。大家可以在这里找到许多欢乐。

第一节 案例故事

2015 年 12 月，腾讯 2 亿元投资 Bilibili 已成事实。军备升级后的 Bilibili 网站攻势更加凌厉，2016 年新番版权购买立刻赶上 AcFun 站的投资优酷土豆的份额。而 AcFun 站也不甘拜下风，2016 年 1 月软银中国以 6000 万美元入股 AcFun 站。AcFun 站手里的筹码也在迅速增加，仿佛要一口气追回失去的 4 年，夺回行业老大的地位。

2016 年核心二次元用户数将超过 5000 万人，加上泛二次元用户，总数将远超 2 亿人。面对如此巨大的市场，各路投资方纷纷开始站队。在网络商业硝烟弥漫的战国时代，视频网站诸侯也为了各自的"帝王大梦"而战，双城记的战火早已拉开，那么究竟谁能够在硝烟中绝处逢生？

图 4-1　Bilibili

资料来源：178 动漫频道，2014-12-26.

一、 开端：弹幕视频网站前赴后继

AcFun 是一家游戏、动画的弹幕式视频分享网站。2007 年 6 月，湖南人 xilin 以动画连载草创 A 站，2008 年 2 月借鉴日本弹幕网站 NICONICO（N 站）的模式，开始进入弹幕视频网站这片蓝海领域。

在打出了"天下漫友是一家"的旗号之后，AcFun 不断招揽培养视频作者，努力吸引着早期的 ACG 爱好者和弹幕爱好者。两年下来，AcFun 有了一定的知名度，也拥有了一群忠实而热情的会员。然而放眼天下，与视频网站的各位大佬相比，自己不过还是偏远角落里的一个小村长。而且自己还不是唯一看到这片蓝海的村长。

肥猪网是国内最早引进弹幕的视频网，然而早起的鸟儿不一定有虫吃。因网站架构和美工缺乏建树，因而未能抢占先机招揽到人才。在 2009 年由于缺乏资金，粮草不支，退出了这场角逐。

紧随 AcFun 而来的是回音山。回音山在软硬件整体水平上明显优于 AcFun，无论是精美的 UI 设计，还是硬件支持，然而却在弹幕系统上棋差一招。而弹幕系统正是弹幕视频网站这片蓝海的核心技术。回音山迟迟没能有效解决这一技术问题，同时也没有通过其他方法吸引到足够多的受众，最终输给了时间，于 2009 年悄然而逝。

之后的来者是动画 MTV 吧，于 2008 年 11 月由百度动画 MTV 吧的年轻人创建，起初专注于 MAD 领域。MAD 是指影片经过剪辑拼接后二次创作的视频，制作 MAD 需要掌握一定技术并愿意投入相当精力才能达到一定的观赏性，而受众多为对素材影片有一定了解并喜爱的人，所以实际上是一个细分出来的视频领域。另外该站的技术尚不成熟，也缺乏足够的资金支持和人力支持。在一点点的探索中，网站发展十分缓慢。

2009 年 6 月，AcFun 会员 bishi，与数人建起 MikuFans。他强调这里只是 AcFun 的后花园，在 AcFun 服务器或其他方面出现问题时作为后备使用。随后不久又关闭了网站。然而 bishi 此时已开始厉兵秣马，他认定了这刚刚开创的弹幕视频领域必有一番作为。对弹幕视频网站的征伐利器——弹幕系统——精雕细琢，在"高筑墙，广积粮，缓称王"的策略下，这个年轻人一直在等待时机。

2Dland 于 2009 年 10 月诞生了。它将弹幕和 SNS 社区首次结合到了一起，弹幕播放器的功能相当华丽，除了弹幕方向，还可以指定弹幕的进入和消失方式，而后，又增加了真正意义上的实时弹幕。一时也吸引了不少爱好者，颇具发展潜力。

二、发展：弹幕视频大咖实力不敌

AcFun 于 2010 年春节前制作了自己的春节联欢晚会，获得了好评。然而同时，更名为 Bilibili，沉寂了近半年的 MikuFans 重新开放，而且也组织到众多知名视频作者制作了一个春节拜年视频，聚集了相当的人气。

随后 A 站出现了一系列问题。

2010 年 3 月，频频出现外链问题，视频卡屏。随后因抵制个别会员上传虐猫视频，而网站管理员没有及时处理，部分会员开始以刷屏为手段进行抵制，导致视频无法观看，服务器瘫痪。4 月，小部分会员反对 AKB 视频占领 A 站，开始了新一轮的视频刷屏，一些人则趁乱扩大刷屏内容，导致网站混乱，视频无法观看甚至服务器瘫痪、浏览器报错，用户观看体验极差。直到 5 月初，刷屏事件才告一段落。

5 月 9 日，AcFun 的投稿量正式突破 10 万件大关。然而这一喜讯只是 2010 年的小插曲，并不能改变灰暗的主旋律。

7 月刚到，网站频繁无法访问，时好时坏。花费了近半个月时间，问题才基本解决。在经历了持久频繁的各种问题烦扰后，A 站管理的低效和漏洞完全显露出来，而用户对 A 站的信任和忠诚也产生了动摇。

等待已久的时机终于成熟了。bishi 带领自己的人开始匿名在 A 站发送弹幕，一面大力推销宣传 B 站是 "最好的弹幕网站"，一面贬低辱骂 A 站是 "垃圾网站"，对 A 站的弹幕秩序再一次造成了破坏。另外，B 站在经过近一年的精心设计打造之后，网站设计和硬件支持已经超越了 A 站，同时也聚集了一部分优秀的 UP 主（视频上传者）。

在这一推一拉的合力之下，A 站出现大规模用户流失，而 B 站迎来了用户的爆发性增长。A 站耗费两年多时间聚集起来的优势迅速消散，而其管理员却一时没有对策。或许打着 "天下漫友是一家" 招牌的 A 站怎么也没想到，几乎是从 A 站孵化出来的子站——B 站会这么快成为自己的竞争对手，而且还是乘人之危，从背后深深地捅了自己一刀。现在看看 B 站的旗号 "天下バカ（笨蛋）是一家"，心中不免五味杂陈。

弹幕视频网站从过去 A 站一家独大，多站各自探索的萌芽阶段，跳进了 A、B 两站分庭抗礼，多站有选择跟进的成长阶段。

A 站以悲伤的基调踏入了 2011 年，春晚被放弃后又被重新提上日程。最后勉强制作出来 "春节不欢乐晚会"，压轴曲目《AC 娘的消失》更使得晚会的催泪程度达到了高潮，众多有爱的 Acer 在弹幕中表示要对 AcFun 的重生尽一分力量。然而一切并不顺利，xilin 也渐渐对 A 站失去了期待，将 A 站卖了 400 万元后，回长沙买房买车过起了自己的日子。这对急需重整旗鼓的 A 站来说，无疑是雪上加霜，坐失了反击良机。之后 A 站又被接连转手套现，直到赛门接手管理，A 站才又平稳了下来。这一年 A 站失去了太多，而它的噩梦才刚刚开始。

与之相反的是，B 站于新年伊始获得了猎豹移动的天使投资，而且投资人加入 B 站协助运营管理。2011 年 2 月，B 站制作了首部拜年祭，大获成功，人气进一步蹿高，迅速追赶着 A 站。

2012 年 1 月 22 日，AcFun 春节联欢晚会顺利举办，一批优秀的职人制作了一期成功的春晚，这一期一改 2011 年悲伤的基调，以《AC 娘的重生》为基础，展示了 AcFun 要在 2012 年重新腾飞的愿望。

与此同时，于 2010 年更名为 MADfan 的动画 MTV 吧，经过了又两年不温不火的发展，还是在一次次的挫折中，于 2012 年 9 月倒下了。2Dland 紧随其后，于 10 月宣布停止注册。还有这前前后后黯然消失的网站，如 kkfan、幻世界等。缺乏专业的商业运作和公关宣传，始终未能打响自己的名号，吸引到足够规模的初始用户群是它们的共有问题。时至今日，还能记起这些网站名字的人已经不多了，即便是那为数可怜的曾使用过这些网站的人。沉舟侧畔千帆过，病树前头万木春。几个新的弹幕网站又出现了，如 Tucao 网、MioMio 等。已经处于 A、B 两站阴影之下的它们，亦小心翼翼地摸索着前进的道路。

三、弹幕视频网站壁垒高筑

土豆网开始关注这个市场，于 2012 年开发了豆泡播放器，成为首个真正进入弹幕视频领域的主流视频网站。然而此时的土豆已经难以撼动 A、B 两站在弹幕视频领域的地位。A、B 两站已经形成了自己的生态系统，拥有了特别的二次元、御宅族受众群体，并且由于其与主流文化不相容的亚文化性质，形成了特别的凝聚力，表现为对符合亚文化的弹幕视频网站的忠诚和喜爱，而对主流网站的不屑一顾，以及对其弹幕内容的嗤之以鼻。这种隔阂被形象地称为"次元壁"，是将不属于亚文化的个人和网站隔离在外的有效障碍。

弹幕视频网站的日子仍不好过。首先，没有找到自己的盈利模式，一直在靠内部和外部的投资勉力维持着运营，担负着越来越高的亏损额。其次，大型视频网站依然是新兴弹幕视频网站的威胁。最后，没有影视动漫这部分视频的版权，来自法律上的风险却越来越大，这终将是它们不得不面对的问题。

四、反转：弹幕视频网站对经典视频网站

弹幕视频网站与经典视频网站不同，它们自己并不做视频服务器，而是采用外链的方式，并且，自己也很少上传内容，由用户中的 UP 主自行上传内容（用一句广告语来说：我们并不生产内容，我们只是内容的搬运工）。

这种"投机取巧"的方法，使弹幕视频网站在发展初期省去了大量典型视频网站的版权成本和带宽成本。因为小众化和长期低盈利，并没有被版权方追究。尽管现在可以享受"成本优势"，但发展难题——版权始终是绕不过去的一关。合法化是一个企业做大的必经之路。

五、AcFun 站（A 站）对 Bilibili 站（B 站）

A、B 两站在圈外人看来是如此相似，除了名字和管理者不同，其余都分不清楚。然而在圈内人来看，A、B 两站在很多地方是明显不同的，甚至截然相反。

A 站发展路径属于传统二次元文化社区。除了视频之外，文章和评论区也是重要板块。没了视频，A 站照样有它的用户群体坚守。B 站是一个纯粹的视频网站，无论哪个分区，打开一看都是不同内容的视频。B 站还有序推进商业化的进程，为了让用户花更多时间在 B 站，将内容多元化，但某种程度上有些脱离二次元的定位。

（一）用户身份标签

专有名词的使用会增强群体成员的归属感，而归属感是忠诚用户的第一前提。小米有"米粉"，苹果有"果粉"。相应的 A 站有"Acer"、"丧失"（丧失了节操和羞耻之心的会员），管理员则被唤作"猴子"（因管理员发音类似于玃狸猿），B 站有"绅士"（缺少节操羞耻之心的男会员）、"淑女"（缺少节操羞耻之心的女会员）等身份称谓，寓意着彼此的"同志身份"，增进了对社区的认同感和归属感。这一点要让主流视频网站模仿，给自己的用户戴上犹如身份标签的帽子，可能并不容易。

（二）目标市场定位

从小范围忠诚用户的窄定位开始，走向泛爱好者从而扩大覆盖范围，是社区建设的一种常用手段。为了维持小众化定位，营造社区氛围，保住种子用户，小众网站一般利用邀请链、邀请码等方式拓展用户群。

A 站曾经采用邀请码，一般获取邀请码的方式主要是贴吧求码、淘宝购买或找熟人索取等，由于注册过程比较麻烦导致发展较慢，A 站索性开放了注册。而 B 站则采用输入邀请码或答对 100 道被圈内称为"中国御宅学高考"选择题的方式注册成为正式会员（拥有更多社区权限）。这甚至催生了一项代答题业务："帮你注册动画网站 Bilibili"——2013 年 5 月，一位名为 yune 的网友在日本 Yahoo! 网站上登记了该代答业务，收费 1000 日元，据说业务推出后十分火爆，后来甚至达到 3000 日元高价。同期，在淘宝网上也出现了大量售卖 Bilibili 邀请码的店家，价格从 0.9~3 元不等，品类月均销售额在 2 万元左右。

追大求全的视频网站一路高歌猛进攫取各类版权，一方面导致版权成本飙升，另一方面也使其变成综合类大平台，彼此之间重合度超高，目前只能靠押宝独播剧和自制内容做尽可能的区隔。这时各个主打大平台概念的视频网站，已然不可能自断其臂做小众化定位。而现在再分出一部分力量重新打造一个小众平台显然已经迟了很多。

（三）原创作者培养

节省了大量的版权成本和带宽成本，但同时，也使 A、B 两站极其依赖 UP 主资源。B 站作为 A 站的后起之秀，刚开始的大部分 UP 主都是通过"nico 大世界"QQ 群从 A 站挖走的，后来手机 APP"A 站 B 站"（iACG）作者也被 B 站收入囊中，虎牙的主播黑桐谷歌也是如此。借助于各类明星 UP 主，包括歌手、舞见、乐手、游戏解说、知名视频制作者等，B 站组织的现场直播以及线下活动，毫无意外地获得了用户们的追捧。这和芒果台的天娱较为类似，借助于芒果台捧红素人明星，再通过天娱种种产品放大明星声量，最后反哺芒果台。

优酷土豆作为中国最早的视频 UGC 网站，对于原创内容的推介力度一直是其他视频网站无法比肩的，比如叫兽易小星的万合天宜、筷子兄弟等都是出自优酷土豆之手，目前打造的"青年导演扶植计划"和"优酷分享计划"等更是显露出优酷土豆在这方面的"野心"。下一步，通过明星达人反哺平台只是时间问题。

（四）线下活动变现

线下活动不仅是流量开源和变现的一种方式，更是凝聚圈子、维持用户忠诚度的有效手段。A 站曾经在赛门的主导下推出宅学会的线下活动，但效果不佳。B 站则每年初都会推出拜年祭，邀请叫兽易小星、性感玉米、荼荼丸等名人或明星 UP 主参与，带动新用户增长的同时维持老用户忠诚度。此外，针对高端用户，B 站还上线了"攻略秋叶原，畅游二次元"的东京游等旅游项目。7600 元就可以畅游五天四夜，虽然价格偏贵，但优势也很明显：还有其他旅游团会聚集一帮同好，陪你逛三天秋叶原、去女仆咖啡馆，据说目前日本游已经成为 B 站的重要项目。此外，线下活动也是贩卖周边的重要渠道。

典型视频网站早已认识到线下活动的价值。比如每年 8 月的"土豆映像节"，新推出的"优酷·土豆理想音乐节"、"韩国跑男嘉年华"，爱奇艺"尖叫之夜"等，但对于如何变现或转化线上流量，仍然是一个悬而未决的问题。

（五）用户收费方式

2014 年 10 月，B 站发起了"新番承包计划"，呼吁用户出钱共同购买正版版权，同时保证 B 站不在视频前播放广告。播放贴片广告是传统视频网站的一项重要收入来源，但同时也因较长的广告时长和部分低劣广告大大影响了用户的视频观看体验。这些视频网站借此向会员收费，提供专属的广告跳过服务。然而由于弹幕视频网站从一开始走的就是无广告路线，因而增加广告或者想强收会员费都可能会将相当一部分用户推到竞争对手那里。因而 B 站借被视频版权方诉讼且败诉的机会，采取了新番承包计划这一对策，忠诚的 B 站用户纷纷慷慨解囊，"援助" B 站。仅 "FATE" 一部新番就收到 10000 多名会员的承包款，总额超过 24 万元。虽然相比于这部新番上千万元版权费用，区区 24 万元杯水车薪，然而其显露出的用户忠诚度令传统视频网站羡慕不已。

爱奇艺推出了可以一举看完全部剧集的付费服务，因为效果不错，很快开始发力于"会员剧"的研发推广。为了维系会员资源，在会员服务即将到期时，爱奇艺还会推送不同力度的续费折扣和优惠。除此之外，在会员权益里，爱奇艺还特别针对年轻族群推出了一系列服务，比如弹幕。在游戏方面，爱奇艺结合会员权益和游戏权益，会在热门和自制游戏里推出专门的会员秀场和会员专属道具。除此之外，还有明星和电影这部分的权益，会员会有一些专属的明星见面会、电影票或观影团活动。可以说，在会员收费方面，典型视频网站走在了 A、B 两站的前面。

（六）游戏联运分成

在获得融资之前，游戏联运是 B 站的主要收入来源。B 站带去流量，与游戏公司进行分成。《崩坏学园 2》超过 50% 的安卓收入来自 B 站，核心数据比其他的安卓市场高 3~4 倍。仅此一款游戏联运，B 站月收入已达上千万元。B 站还联合运营了《神之刃》、《LOVELIVE！学园偶像祭》、《梅露可物语》等多部手游/页游并在游戏联运领域不断延伸触角。

视频网站与游戏网站进行联合运营早已不是新鲜事，作为最受网民欢迎的两大互联网应用，视频和游戏之间存在天然的契合点。对于典型视频网站来说，因为其定位范围更广，可以联合运营的项目其实更多，比如社交、电商、电信运营商等。

（七）宣传手段

Bilibili 网站宣传方式：

2013 年 10 月，在上海梅赛德斯—奔驰文化中心举办首次线下 Live。

2014 年 11 月，陈睿以董事长的身份正式加入 Bilibili。

2014 年"双 12"当日，Bilibili 官方淘宝店开放销售官方周边产品，B 站弹幕在淘宝网首页飞过。

2015 年 3 月，与杜蕾斯合作，在 B 站直播首发史上最长杜蕾斯广告片。

2015 年 4 月，开展第一届"Bilibili Micro Link"线下巡回演唱会。与知乎合作，成为唯一的弹幕合作伙伴，全程直播"知乎盐 CLUB"活动。

2015 年 6 月，与手机百度合作。

2015 年 7 月，作为"弹幕合作伙伴"，与上海国际电影节合作，全程直播"互联网电影之夜"红毯，和现场观众进行弹幕互动，并在《煎饼侠》电影发布会上进行弹幕互动。与虎嗅合作 FM 创新节。与国漫新势力——《西游记之大圣归来》合作弹幕专场。举办第三届 BML，本届 BML 演出门票 45 小时内售罄，共有 8000 位观众在现场与 Bilibili 一起干杯，网络直播总播放量突破 700 万独立 IP。主办第一届二次元游戏大会。

2015 年 10 月，创建"萌节"。创建"Bilibili 学园嘉年华"，分别来到了上海、西安、广州、武汉、北京与各大高校的小伙伴们见面。首届动画角色人气大赏开战。

2015 年 12 月，联合新浪微博推出国产动画月活动。

AcFun 网站宣传方式：

2015 年 4 月，原《动漫贩》系列杂志创始人刘炎焱加盟 A 站任总编辑。刘炎焱力推内容的回归，聚焦在二次元上，大打"情怀"牌，持续吸引和扩大核心稳定的用户群。

2015 年 8 月 6 日，A 站宣布完成 A 轮融资 5000 万美元。本轮融资由优酷土豆集团领投，据了解，资金已经全部到位，A 站本轮融资金额创造了弹幕视频行业内 A 轮融资之最。

A 站 CEO 孙旻表示：此次融资将用于版权内容的采购和合作，以及投资和自制优质动画内容、网络剧、电影、电视剧等，将进一步扩大 A 站在行业内的领先优势，致力于为 ACG 爱好者人群提供更优质的观赏内容与产品体验。

至此，A、B 两站双双站在了视频网站的最前排，成为新时代的现象级网站，从 2014 年的无人关注到 2015 年主流媒体的争相报道，进入了社会大众的视野。这一年，也诞生了一系列新的仿制或创新的弹幕网站，如斗鱼、Dilili、弹幕主义、玩 TV、爆点 TV。而主流视频网站也几乎都附加上了弹幕系统，生怕落后于时代成为可厌的弃物。

一方面，得益于弹幕网站的主要用户——"90 后"开始登上"历史舞台"，消费力日渐形成，表现出巨大的消费潜力，这个群体的消费偏好、文化属性也成为行业研究的对象；另一方面，这几年来 A、B 两站之间的战争以及近期爱奇艺、优酷土豆所掀起的版权纷争，也让这个领域开始受到更多媒体的关注。

A、B 两站两大寡头的市场格局基本已定。在几年的摸爬滚打起伏历练之后，已经兵强马壮，也有了自己的商业运作方略。那些视频网站大佬在弹幕视频领域对 A、B 两站已经全然构不成威胁，而后来的新弹幕网站还在起步阶段，即便要发展到接近 A、B 两站的实力也绝非易事，遑论要超越 A、B 两站。竞争在于对 UP 主、ACG 资源的争夺和互联网运营能力的比拼（冯舒婷，2015）。

第二节　案例分析

一、价值定位

（一）客户细分

对动画、动漫、动漫游戏，特别是日系的动漫有着爱好的人，目前主要的用户群是"85后"和"90后"，占了弹幕视频网站近90%的用户比例。这一批年轻人陆续毕业，消费能力正逐渐提高。从动漫展、动漫周边销售等商业活动来看，这一用户群是可以精确定位的忠诚消费者，并且消费能力大。

"00后"在弹幕视频网站的发展初期，显然还太小。而今他们开始步入青春期，将成为弹幕视频网站的目标用户群体。

客户细分依据：年龄；娱乐方式；亚文化；情感特点。如图4-2所示。

（二）客户痛点

需要具有一定规模和服务能力的二次元、宅文化社区，并且能够将对这些文化不理解的人群隔离在外。大多数用户都希望观看到清晰度高且无广告的视频。因为"85后"和"90后"都属于独生子女一代，同时也已经到了会细细体味内心的孤独并希望通过一定方式排解的年龄。

（三）解决方案

用户分为游客、注册会员和正式会员。通过会员注册限制和有效的社

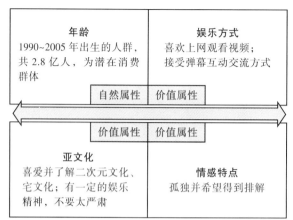

图 4-2　客户细分依据

区管理，将不合适的观众排除在会员群体之外，在网站功能使用上受到限制。当会员有很不符合社区氛围的发言和行为时，会被取消会员身份，成为游客。会员用户之间通过"关注"和"收藏"建立单向的联系。UP 主通过专业化和个性化的投稿形成自身的"频道"特色以吸引相对应的受众群体，而用户通过关注不同的 UP 主也形成了自己的个性化菜单。

系统自动根据视频在一定时间内的点击量高低给出日、三日、周、月排行，并将最为热门的视频推送到网站首页供所有用户观看，UP 主借此获得 B 站"积分"和"硬币"，用以购买高级弹幕等特殊功能。不定期举办原创视频比赛，使获奖会员得到更多物质和精神奖励。

通过悬浮于视频上方的弹幕评论的形式，受众可以方便快捷地进行"吐槽"，观看者之间也可以直接在视频画面上进行互动。由于弹幕系统将针对同一镜头、情节的弹幕同时呈现，可以营造出同时观影的错觉，形成狂欢般的观影效果。

二、价值创造

（一）产品开发

（1）UI 设计。首页和各个子页面经过精美的设计，在贴合了社区亚文化氛围的同时，也为用户提供更多便利的功能。相比于传统视频网站，可以很明显地感受到这种差异。

（2）用户群的召集和维护。弹幕视频网站大都从亚文化社区做起，因此只有吸引并维护住一群核心用户，才能营造出属于自己的独有社区氛围，产生其核心竞争力。之后则需要合适的商业、公关手段吸引到更多的用户，形成社区规模，从而使社区形成自己的内循环和自发性增长。否则用户增速跟不上流失速度，社区是维持不下去的。

（3）多元化的内容。创建之初聚焦于二次元和宅文化的视频类型、板块分区，随着网站的发展，增加了电影、时尚、科技、直播等越来越多的板块，并将子板块细化。一方面便于吸引更多的用户，另一方面将用户分流，避免不同类型的用户之间产生无谓的冲突。

（二）客户体验

（1）视频无贴片广告。节省了用户时间，明显提升了用户体验。

（2）线上线下活动。一群拥有相同爱好的年轻人聚集在一起欢声笑语，对网站的忠诚度自然高。这也促使用户参与度越来越高，2015 年的线下演唱会 8000 多张门票不到 1 小时销售一空。

（三）产品迭代

（1）UI 更新。根据生活中的事件和站内视频热点，不定期更新网站界面，营造更愉快的氛围。

（2）弹幕系统优化。增添更多的弹幕功能和类型，以满足用户的需求。

比如弹幕进入退出方向，弹幕游戏，高级弹幕等。

（3）新番放送。有新动漫、剧目的放送时，第一时间通过外链或者版权的方式搬运回自己的网站，使会员能第一时间观赏到感兴趣的视频。

（4）字幕组。组织属于自己网站的字幕组，在热门外语视频没有独立字幕组能很快翻译添加中文字幕时，由自己的字幕组译制。

（5）联运游戏。二次元与游戏有着极高的契合度。增加与社区氛围相契合的游戏，既为用户提供了更多的娱乐选项，也为网站增加了重要的盈利途径。

三、价值传递

（一）品牌传播

对于弹幕视频网站，品牌传播和渠道分销是完全一致的。因为只要用户知道了这个网站（成功的品牌传播），那么通过可以上网的电脑或手机，搜索并打开链接（不超过 10 秒的耗时），就可以免费使用网站的服务（成功的渠道分销）。之后是其产品和用户体验能否让用户满意的问题。

（二）渠道分销

（1）品牌合作。先后和（淘宝）阿里巴巴、手机百度、微信（腾讯）达成合作，和知乎、虎嗅等知名网站共同举办活动，固定下合作关系，并和《大圣归来》、《煎饼侠》等热门影片合作，举办弹幕专场，有力增强了 B 站的知名度。

（2）线下活动。2013 年至今，在上海举办三次线下 Live——"Bilibili Macro Link"；2015 年，在成都、广州、西安、北京开展第一届"Bilibili Micro Link"线下巡回演唱会；2015 年，Bilibili 创建"Bilibili 学园嘉年华"，分别到上海、西安、广州、武汉、北京与各大高校的小伙伴们见面。

（3）媒体报道。董事长陈睿应邀成为虎嗅 FM 创新节嘉宾并上台演讲，被东方卫视《看天下》、《中欧商业评论》、《商业周刊》中文版等节目报道。

（三）盈利模式

Bilibili 网站能长期占据霸主的地位，其盈利模式自然不可小觑：

（1）广告：Bilibili 网站视频子界面留有广告栏，凡是在其网站刊载广告的企业都需交纳一定的广告费用。

（2）流量费用：大型网站的常规盈利手段，通过流量阅读产生流量费用。

（3）游戏联运：通过手游和页游的游戏联运，获得较高分成。

（4）周边销售：淘宝有官方周边店，销量不高。

（5）日本游：2015 年新推出的旅游项目，前景不错。

（6）新番承包计划：2014 年开始的项目，接受会员对已经购买版权的新番的资助。

（7）充电计划：会员如果通过这个途径对喜爱的作品或 UP 主进行打赏，B 站会抽取 30% 的分成。

第五章
oTMS：物流商业模式

oTMS 是国内领先的一站式运输服务平台，包含运输招标、运输投标、无车承运人、运输追踪等，基于首创的社区型"SaaS 平台+移动 APP"模式，将货主、第三方物流公司、运输公司、司机和收货人无缝互连，形成一个基于核心流程、平衡、多赢的现代运输商业网络，带给客户全新的管理体验，创造更多商业机会。

第一节　案例故事

2015 年以来，"互联网+"活跃于中国的各个领域以及行业，其中物流行业的运输环节由于其自身的特性，引起了广大创业者的关注。而 oTMS 先于"互联网+"的理念，从国外引进 SaaS 模式，旨在改善中国物流公路运输环节的环境，为运输中的各个利益相关者提供一个高效、透明的生态圈。考虑到该企业的特殊的"互联网+运输"的模式，故将其作为一个案例进行分析。该企业在创业过程中遇到技术不对接、产品升级、人力资源等一系列危机。而危机中茁壮成长的 oTMS 能否坚持自己最初的创业理念？

图 5-1 运输

资料来源：亿欧网，2015-07-01.

一、设计新产品

2007 年，段琰和 Mirke 相遇了，两人都在不同的企业长期从事物流行业相关的工作，并且值得一提的是，两人都对中国的物流行业的现状表达了自己的关心。两人结交之后，想着如何通过自己的经验给后进的物流行业从业者提供一些建议，两人就物流业的问题讨论了很多次，最后觉得不能光说不练。当时对于他们来说有两种选择：一种选择是把他们的想法写成书，让其他人知道这些想法；另一种选择是直接拿钱去干。他们选择了后者。

运输是一个很复杂的过程，从货主、运输公司、分包商，到司机，最后到收货人，涉及多方人员。整个运输市场体量也很庞大，据统计，目前活跃在市场上的物流企业有 80 多万家，运输车辆有 1600 万辆，货运司机有近 3000 万人。然而，因为信息交流不畅，管理不到位，中国的车辆空载率在 50% 左右，这方面做得比较好的美国可以做到低至 25%。运输业的消耗很是惊人，据中物联统计数据显示：

2014 年，全国社会物流总费用为 10.6 万亿元，占中国 GDP 的 16.6%，其中公路运输总费用每年在 4 万亿元左右。如果能优化运输过程，提高运输业效率，将产生巨大的社会效益和经济效益。

做这种尝试的公司已经有不少。车旺 95155 云服务平台试图解决车货匹配以及运输管理问题，菜鸟网络试图解决电商的物流、仓储、配送问题，阿里巴巴物流服务试图解决车货匹配问题……

2011 年 3 月，段琰和 Mirke 决定两人一起设计一款新产品，段琰说其实在一开始创业的时候，他与 Mirek 还在白天从事着全职工作，晚上回家后才扑到新技术平台的研发上，每天工作到夜里一两点。如此周而复始，直到 2012 年 10 月才正式辞职，全身心投入 oTMS 的研发。这期间，两人找来了一家位于波兰的软件开发公司，这样就能利用时差晚上工作了。

由于段琰与 Mirek 都不是 IT 人员，为了达成自己的梦想，两人自学软件设计，把软件的逻辑和用户界面全部都画出来，前后共画了上千页的设计图。段琰认为 oTMS 的最大优势之一，在于这是由两个业务人员主导设计出来给业务人员用的产品，这个出发点非常重要。软件架构等方面则由波兰软件开发公司的 IT 人员负责，而波兰软件开发公司其实也非常擅长物流领域，当 2013 年 8 月拿到天使轮融资后，oTMS 就把波兰软件开发公司的相应开发人员直接雇过来做专职开发。

图 5-2　团队成员

虽然今天回头看 oTMS 成功了，但一开始段琰与 Mirek 拿出自己的两三百万元资金投入到这个创业项目时，风险和机会成本也相当高。段琰说，当时在外企的待遇也挺好，之所以敢于冒险，首先是对这个项目很有信心，觉得值得冒险。物流行业的问题存在这么久都没有好的解决办法，说明这至少是一个正确的方向。此外，虽然 2011 年移动互联网已经开始普及了，但在司机端却还没有普及，段琰与 Mirek 的判断是司机端的移动互联网一定会逐渐普及起来。

而采用 SaaS 云服务的形式，在 2011 年也是相当前沿的。段琰说，在 2011 年其实并不懂什么叫 SaaS，本身又不是 IT 出身，但当时有个基本的想法，就是需要通过某种低成本方式把信息都连接起来，而这只能靠互联网。在段琰与 Mirek 决定走 SaaS 路线后没多久，段琰看到了 Salesforce 创始人 Benioff 写的一本 "Behind the Cloud"，两人发现美国其实从 1998 年就已经开始推广 SaaS 的模式，因此深受鼓舞，他们认为 SaaS 模式一定会来到中国。

oTMS 之所以成功，还因为他们的一个观点，这就是"改善不取代、进化不革命"。"互联网是很强大的一个工具，但是得尊重一个行业的逻辑。所谓进化其实是一个道理，即这个链条上各方的价值是不可取代的。oTMS 想做的是脚踏实地地成为一个软件的信息平台，为所有人提供高质量的服务。"段琰说。这或许就是"互联网+"能真正成功的秘诀。

二、产品是成功的关键

"我们如果早两年做互联网运输可能就很艰难，可能就死掉了。"oTMS 联合创始人兼首席运营官段琰解释，早做两三年，一方面企业对 SaaS 云是不接受的，另一方面那时候智能手机普及率很低。现在 4G 手机的普及率可能达到95%以上了。段琰认为，oTMS踩中了关键性的时间点。

oTMS的平台软件是SaaS（Software-as-a-Service）模式的，包括货主版和承运商版。货主版无缝对接ERP/WMS，还可以连接承运商、实时追踪货物、获得电子回单、系统自动对账、DIY报告；承运商版可以在线接收订单，连接分包商和司机，接收电子回单。

oTMS提供的两款APP：一款叫"卡卡"，专门提供给司机使用，可以连接运输公司、接收订单、GPS定位、地图导航、异常报告；另一款叫"到哪了"是给收货人用的，可以一键反馈异常情况，对运输进行评价等。

2013年1月，oTMS上线。在当时国内运输行业的大环境下，接触到的投资人对oTMS的第一反应是："这不就是快递吗？"段琰坦承，彼时想用互联网、移动互联网改造传统运输产业的雄心壮志，应者寥寥。

2014年下半年，市场发生了变化。对oTMS而言，"春江水暖"最直接的迹象就是订单量的上涨。段琰说，以前运输和物流这个领域虽然也很大，但关注的目光并不多。随着"互联网+"的概念被提出，许多传统行业都想赶上这波浪潮实现转型。

"互联网和运输本来就是天生一对。"段琰说。

因为互联网是唯一能够低成本、低门槛、灵活地连接不同企业进行协同的技术，而中国的运输执行中最重要也最具挑战性的部分，恰恰是如何去解决不同企业间的协同。

针对这个年产值高达数万亿元但信息化程度却处于低水平的市场，oTMS打造了一个"SaaS平台+移动APP"模式的企业运输管理平台，将分散在全国各地的货主、物流公司、司机、收货人等相关者连接起来，形成一个社区型的业务网络，以便提高整个运输链条的工作效率和信息透明度。

三、产品升级改进

继 2013 年获得天使轮融资，2014 年获得 A 轮融资之后，6 月 9 日，运输协同平台服务商 oTMS 宣布获得了 A+轮融资。本次融资总额达千万美元，由成为资本、经纬中国和百度投资。

宣布获得 A+轮融资的同时，oTMS 还发布了新的产品升级计划。oTMS 将在"SaaS 平台+移动 APP"的基础上，推出移动端的 SaaS 平台；SaaS 平台将在管理运输订单的功能外，新增基于大数据分析技术的内容推送，帮助货主及时掌握市场情况；APP"卡卡"和"到哪儿"将增加扫码确认收货的功能，避免了纸质单据丢失、损坏以及信息错漏的情况。

据了解，使用 SaaS 软件时，用户不需要购买任何硬件，无须配备 IT 方面的以及运维的专业技术人员，只需要注册，就能得到最新的技术应用。此外，采用"月费"方式使用 SaaS 软件，不用一次性投资到位，能够缓解企业的资金压力，还不用考虑硬件折旧。

但目前用户最大的担忧是数据安全问题，毕竟是把公司的数据存储在第三方。对此，段琰说，他们为此做了很多努力，目前 oTMS 平台是建立在阿里云上的，但随着订单量急剧增加，从 2013 年的 26 万单，到 2014 年的 400 万单，再到 2015 年 3 月每月 100 万单，oTMS 未来准备采用"自建数据中心（私有云）+公有云"的混合云方案。

四、团队建设

2015 年 12 月，段琰说："oTMS 近期的确吸引了好几位顶级人才加入，分别负责不同领域，原先这些领域都是由我或 Mirek 直接管理，现在由几位在各自领域比我们两个更专业、更优秀的人来带领团队向前冲，实在是一件梦幻的事情，对于原有团队是一个极大的补充和加强。这事放在去年，我会觉得这都是不可能完成的任务，但是确确实实发生了，而且他们都是我们欣赏的类型，前一分钟是 500 强高管，后一分钟就可以撸袖子到一线干活儿，既有视野和能力，也有身先士卒的精神。我和 Mirek 把 oTMS 从 0 带到了 1，那么接下来必须依靠强有力的团队，才有可能把公司从 1 带到 100，这就是团队的价值。"

当然，他们的团队建设遇到过很多困难，比如人才招聘的速度赶不上业务发展的速度，比如全新团队的快速磨合（9 个月时间，员工从 14 个人快速增长到近百人），比如订单快速的增长导致系统压力的增大。但是创业的乐趣之一就是克服种种困难和挑战，他们的团队也通过这种并肩作战的经历，加速磨合，快速成长（芮益芳，2015）。

第二节　案例分析

一、价值定位

（一）客户细分

oTMS 从两个方面细分客户，一个是纵向，一个是横向。其中，纵向细分客户是在 2015 年 9 月前，横向细分客户是在 2015 年 9 月后。如表 5-1 所示。

表 5-1　客户细分

纵向细分客户	货主	物流公司/干线运输	司机	收货人	
横向细分客户	服装	汽车	零配件	医药	工业

从纵向细分客户看，oTMS 在企业发展的初期，将客户直接笼统地细分为四种，货主、物流公司、司机、收货人，这几种客户将在 oTMS 平台中建立起联系，构成一个生态圈。

从横向细分客户看，oTMS 在企业发展之后，意识到先前的客户细分不能够很好地适应现在企业面对的潜在客户的需求服务，故考虑到潜在客户的影响，将客户按照行业细分为五类。

（二）客户痛点

考虑到 oTMS 的客户细分，抓住物流行业中客户的痛点，按照纵向进行分析。为了抓住货主、物流公司、司机、收货人四者之间的主要矛盾，将先对两两之间的次要矛盾进行分析。如图 5-3 所示。

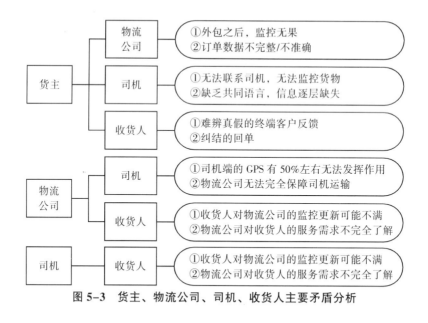

图 5-3　货主、物流公司、司机、收货人主要矛盾分析

通过上述分析，可以知道四者的主要矛盾，也就是主要痛点集中在分散、标准化欠缺、信息化程度很低等方面。

（三）解决方案

大中型货主基本不可能对接专线和司机，你能想象一个发全国几百上千条路线的甲方货主，去面对几百家专线或者上千万司机吗？有的物流公司有可能有跨国专线，直接对接司机，前提是货主有足够货物给司机、有能力管控司机、能够更灵活快速地支付资金。

切入公路运输市场的软件已经足够多，但市场格局却极为分散。一些"车货匹配"软件从链条的下游切入，借助信息交换的平台促成司机与货物的连接。但 oTMS 的想法是从运输链条的起始端——企业切入，最终构建一个社区型的互联运输协同网络。通过对客户痛点的探讨，可以知道四者之间都是有联系的，上游和下游是相互作用的，由此可以了解到，只有各方面协同才能破解 B2B 运输中流程之烦琐复杂。也因此，oTMS 的落脚点不是某两点，而是从企业端开始，贯穿整个链条和市场。

oTMS 致力于提高中国运输产业的效率，以"SaaS 服务+移动 APP"的创新模式为货主及运输公司提供全方位可视化运输协同管理平台，将货主、第三方物流公司、运输公司、司机和收货人无缝连接，形成一个基于核心流程、平衡、多赢的现代商业网络。各个利益相关者的解决方案如下：

利用云端服务和智能手机技术，通过一个 PC 端网页版软件和两个移动端 APP，将货主、物流公司、分包商、司机、收货人等原本独立的信息进行实时共享，从而提升各环节的协调配合能力和异常事件的处理速度，达到提升运输整体效率、降低物流成本的目的。

二、价值创造

（一）产品开发

oTMS 公司开发产品种类繁多，如图 5-4 所示。

货主版 oTMS	无缝对接原有 ERP/WMS 互联多级承运商，端到端管控 订单招标，订单询价 实时追踪，电子回单 系统自动对账 全面分析功能，个性化交互式仪表盘视图
承运商版 oTMS	在线接收完整的订单 免费连接下游多级分包商或司机 电子回单，加速现金流
司机 APP——卡卡	连接运输公司，接收订单 LBS 实时定位，掌握车辆位置 异常报告，规避风险 实时信息反馈：节点+在途 电子回单：降低风险，提升沟通效率
终端用户 APP——到哪了	时间轴查看订单配送全程 显示司机路线地图 异常情况直接反馈 快速批量确认收发货 对运输服务进行评价

图 5-4 oTMS 公司产品种类明细

（二）客户体验

oTMS 客户体验分为四大模块，包括：货主；运输公司；司机；收货人。如图 5-5 所示。

ZF 物流负责人：供货紧张时，是需要卡着小时算的。在应到时间内，司机却依然没有送到，只能通过层层的电话询问，焦急等待。而有了 oTMS，这一切都较少发生了。

绫致时装物流总监：oTMS 的设计智能、创新，而且用户使用体验非常友好，可以轻松管理遍及中国的所有运输配送。在把 B2B 物流管理理顺

	运输执行 降低追单成本，减少人工错误，提高管理效率 拥有运输管理全视图，帮助企业在激烈的经济环境中独当一面 财务对账准确、高效、便捷，侧重于预防甚于纠正
货主	运输管理 提高消费者和客户满意度 责任追溯灵活全面，异常运输着重管理 运输快递可视化体验，不再羡慕 B2C 领域的爆发态势 真实 KPI 数据支持对承运商进行选择决策，大大缩减招标议价时间
	战略与决策 全角度、全天候洞察运输业务，助力物流战略的制定与执行 优化运输管理全流程，从门到门真实还原运输流程 数据产生伴随运输过程，真实有效，先人一步建立企业运输大数据 更低的拥有成本（TCO），更高的投资回报率（ROI），更快的上线时间
运输 公司	提升当下 运输全程管理，实时、真实地追踪运输信息，提升客户满意度 异常情况第一时间上传，明确责任方，减少无谓罚款 电子回单、握手交接有效缩短结算时间，节省成本，加速企业现金流 获得更强的核心竞争力，赢取更多客户订单
	协同价值 运输横向协同，后端云仅共享运输信息，保护企业重要资源 将信用体系理念正式纳入物流运输行业，根据真实评价与数据建立企业专属的信用等级 依靠平台力量，拓展更多潜在货主客户
	优化未来 建立自己的在线运输网络，是中小型企业成长壮大一大利器 运输可视化，一步迈入"互联网+运输"时代 建立企业控制塔，将运输环节首要因素——在途跟踪纳入企业管理范畴 增加企业核心竞争力，在激烈竞争中脱颖而出
司机	提高了信息对称性，提高了客户满意度 稳定货源配送
收货人	实时追踪货物 真实反馈信息到货主端

图 5-5　oTMS 客户体验四大模块

后，2015 年"双 11"前，绫致时装电商部门的 B2C 物流管理也采用了 SaaS 服务。京东、天猫、亚马逊和绫致时装网上商城的物流业务也通过 oTMS 的 SaaS 平台搞定。现在，绫致时装的物流业务效率变化已经体现在数字上。例如，它原来用电话来进行物流追踪的人员精减了 50%以上，这些人员转到了客服等岗位；对账时间也缩短了 70%~80%。

松下物流负责人：松下每年都要通过绩效考核系统，对所有的合作伙伴进行评估，过去的方式花的时间精力大不说，还容易出错。oTMS 帮助松下完成了物流信息化的重要一步。

只有努力创新的企业，才会有前途。而作为活跃近百年、几经沉浮的松下而言，只有不断实践探索，抓住时代最新的技术，企业才能保有绝对的核心竞争力，自信地面对任何挑战。松下电器在 B2B、B2C 业务增长这一战略背景下，对物流极致管理和高质量客户体验方面的探索，无疑是松下精神的最好印证。

目前，松下正在实施 oTMS 运输管理解决方案，而该方案可"模式复制"应用于全国范围业务，且各分公司业务可独立操作，计划 1 年内在松下近百个工厂内全面推行。

三、价值传递

(一) 品牌传播

考虑到 oTMS 是一个比较新的企业，故品牌传播只讨论它的导入期、成长期。

导入期就是企业的品牌第一次面对顾客或第一次参与竞争的阶段。导入期也是企业刚刚引入品牌经营管理时期，且是一个全新的起点。oTMS 制订适合的推广计划和媒体投放策略，并能找准时机使之拥有一个较高的市场起点，体现为第一批标杆企业的确定。绫致时装的品牌效应为 oTMS 在各个需要物流运输管理软件的企业中打开了市场的缺口。也正是首批标杆用户的确定，让潜在客户认识到，既然它能够满足国际有名的企业的要求，那么它一定能够满足国内大多客户的需求。由此可见，oTMS 在品牌传播的导入期让自身站在一个比较高的起点上。

　　与此同时，在导入期，oTMS 的创始人段琰和 Mirke 由于已经在物流行业摸索了 10 多年，自身的经验和人脉让企业在创立初期就在物流行业有一定的影响力，并且两人在博客上持续更新与物流行业相关的文章，提高了客户对自身的信任度和忠诚度。2013 年，在企业创立初期，获得天使轮紫辉创投，投中年度榜最佳早期投资项目、GSC 最佳 IT 解决方案。由此，完全在行业内打开了知名度。成长期，oTMS 已经通过导入期中的客户反馈了解到自身的不足并且通过市场的反应得知产品的不足。

　　一要重新审视品牌的目标市场定位，看是否定得过宽、过窄，抑或在某区域市场留有空白。

　　二要反思品牌的竞争个性是否与企业的经营能力和技术现状匹配，是否适应于品牌的内涵定位，是否独特和具有差异性。

　　三要检讨品牌的内涵定位中的属性、价值、利益、个性、文化和使用者特征等要素的不足，看是否有针对性和准确性。

　　由此，oTMS 开始重新定位潜在客户，按照行业细分客户。扩充企业的技术团队和营销团队，保持企业产品的差异性。确认产品的价值，并且保持价值，改善产品。

　　（二）渠道分销

　　oTMS 是一个软件平台，客户可以通过官网网页版预约，注册会员，然后通过客服联系业务。产品的所有权没有经过中间商、分销商转移。不过，若货主或物流公司购买了产品，则其下游的司机和收货人可使用这个平台 APP。

　　（三）盈利模式

　　oTMS 按照订单量付费，无额外升级维护费用，免费邀请运输供应链上下游合作伙伴协同使用。2015 年，oTMS 客户数量增长迅速，单月订单量突破百万单，而且已经签下 100 多家客户。

第六章
Roseonly：互联网奢侈品商业模式

Roseonly，奢侈玫瑰品牌，是中国专注打造爱情信物的品牌，斗胆制定"一生只送一人"的离奇规则，注册后指定唯一收礼人终生不能更改。Roseonly 以"信者得爱，爱是唯一"为主张，以奢侈玫瑰和璀璨珠宝，打造永恒真爱信物。章子怡、杨幂、刘诗诗、林志颖、李晨、李云迪、郑恺等上百位明星都曾在重要的场合送出或收到 Roseonly，成为众多明星名流的御用玫瑰品牌。

第一节　案例故事

2013 年 1 月 4 日，Roseonly 成立，从此，千亿元规模的鲜花礼品市场诞生了极具影响力的高端奢侈品品牌。创始人蒲易及其团队以"一生只送一人"的独特理念进行情感营销，以微博等网络平台为营销的主战场，借助明星的影响力，掀起了全民追捧的热潮。传统企业需要上百年才能打造的奢侈品品牌，互联网时代他们仅用短短三年就做到了。Roseonly 的背后有着哪些故事？互联网时代下，又如何快速打造知名品牌？

图 6-1　Roseonly

资料来源：天下网商，2013-09-11.

一、引言

2012 年，蒲易的一个公司被合并了。他有些迷茫，不知未来该何去何从，是做投资还是选择创业？他有些看不清了，这两条路代表着截然不同的生活方式，他必须慎之又慎。他进行了详细的优劣比对，前者无疑是舒适的，凭借着他曾经的履历，很轻易就可以拿上百万美元的年薪，还是在北京最好的办公室办公。看似是最佳的选择，可是否太过安逸，是否了然无趣？而后者则完全相反，充满了挑战，充满了不确定，有可能走上人生巅峰，也有可能会失败，要跑去蹲最烂的办公室。真是一个很难的选择。

他把自己困在房间里，努力厘清这一切。不知过了多久。他猛然站起来，说道"三十而立，我三十了，我要立，我要创业"，像是和自己说的，也像是对天地宣告。

可是究竟要做什么呢？他又陷入了沉思，记忆悄然滑到那天，他在飞机上看书，书名是《金钱不能买什么》，里面讲到了"幸福"，也提到 2010 年美国礼品市场有几百亿美元规模。也许这是个不错的市场，可是要用什么做切入呢？他想到了几个月前的遗憾，在跟女朋友求婚前，他想为自己的爱情找一份关于"唯一"的见证，但发现这并不容易。他心想，爱是唯一，有没有什么能表达一生专爱的承诺呢？

一切的一切，都从这里开始改变。

二、爱的萌芽：缔造极致产品

（一）鲜花市场：瞄准浪漫机遇

做一款能见证"唯一"的爱情礼品，应该从什么产品入手呢？巧克力？鲜花？钻石？珠宝？这个问题让蒲易有点头疼，突然，他回想起自己的创业导师何伯权（乐百氏创始人）曾说过的一句话："中国的鲜花市场有几百亿元的规模，虽然从业者很多，但没有品牌！"一语惊醒梦中人，蒲易迅速将目标锁定在了鲜花市场。接下来，蒲易开始投入到鲜花市场的调研中。他发现美国有个很有名的上市公司 1800 Flowers，2012 年的销售额达到 7 亿美元左右。其模式与"天猫"相似，搭建一个网络平台，然后线下与美国成千上万的实体花店进行合作。1800 Flowers 一旦接到网上的订单之后，便安排线下的合作实体花店配送。这样一个模式在中国可行吗？蒲易认真思考了一番，觉得网络花店在我国不一定行得通，因为我国街边的实体花店缺乏品牌和统一监管，从业人员的水平良莠不齐，经常会出现由他们包装和配送的鲜花，与网上的展示图片差距非常之大的情况。再者，很多中国的街边花店缺乏一定的商业诚信，一旦他们在派送过程中直接接触到网上客户，很可能就递上自己花店的名片绕过线上合作方。这种模式行不通，那有没有其他更好的方式呢？一个大胆的想法在蒲易心中酝酿着，他决定尝试高端鲜花定制电商，打造一个鲜花礼品品类的高端品牌。于是，他迅速召集团队。凭借着多年在投资界、创业圈的人脉积累，很快蒲易就组建了一个"高富帅"团队，团队成员大多有着大公司的工作背景和丰富的经验。人有了，钱怎么办呢？其实对于钱蒲易并不担心，多年投资、创业的成功经历，使他这次创业在业内备受瞩目，之前积累的人脉资源让他的创业之路少了很多曲折。钱的问题容易解决，但是花呢？什么才算高端鲜花，哪里去寻找世界上最好的鲜花呢？

（二）厄瓜多尔玫瑰：众里寻他千百度

蒲易琢磨，要表达"唯一"的爱，就一定要用全世界最好的花，如果只是普通的花，顾客也不会买单。在寻寻觅觅之中，厄瓜多尔的玫瑰进入了蒲易视野。通过调查了解，蒲易发现世界上玫瑰的优质产地首先是厄瓜多尔，其次是荷兰、肯尼亚、越南、中国。过去，占据全球市场比例 3%~5% 的厄瓜多尔玫瑰，消费市场主要集中在欧洲和日本，从未被进口至中国。

蒲易立刻动身寻找厄瓜多尔玫瑰供应商，经过几番周折后，蒲易接触到拥有多年经营历史的家族企业。他们拥有年产值 5000 万美元的玫瑰园，通过供给欧洲皇室发家，因此也把产品叫做皇家玫瑰。在那里，每剪下 1 朵玫瑰就要换一把剪刀，玫瑰达到了德国等国家的绿色环保标准，是可食用级别。这家企业一直在寻找终身合作伙伴。当远道而来的蒲易提出，需要花朵足够大、花茎长度超过 1.5 米的玫瑰进口到中国时，引起了供应商的重视。合作谈得很愉快，但这么好的花要用什么样的方式卖出去呢？

三、含苞待放：奢侈品品牌初成

（一）品牌理念锻造：一生只送一人

"爱情唯一，限制一生只送一人"，当蒲易跟创业团队的成员说出这个想法时，所有人都惊呆了，但他得到的不是支持，而是漫天的质疑和不屑。部分投资人也都不看好。在他们眼中，做高端花已经很小众了，还限制只送一人，更加小众。有投资人说："在婚姻死亡论盛行的时代还去做爱情唯一，微博都死了还做微博营销，简直就是一种找死的行为！"还有投资人向蒲易直言："觉得你是神经病。"但蒲易不顾众人反对，坚持采取这样的方式，为此创始团队的一些成员因为无法认同这样的做法而离开了。在这样的质疑中，蒲易还是坚持了下来，为他心中一直秉持的"传播爱情"的初衷，为他打造一款极致产品的创业梦，他坚持下来了，并为这个项目取了一个极其浪漫的名称——Roseonly。

2013 年 1 月 4 日，Roseonly 项目正式启动，3 天后，蒲易收到了来自乐百氏创始人何伯权、创业家杂志社社长牛文文、时尚传媒集团总裁刘江、淡马锡和清华同方高管的天使投资。这些投资人给了蒲易支持和信心，他带领着团队开始紧锣密鼓地筹备。第一个要解决的难题就是物流。物流是目前国内鲜花市场的短板，蒲易想着空运过来的厄瓜多尔玫瑰到达国内后必须完好无损地、新鲜地送达顾客手中。因此蒲易与国内最高端的物流公司联邦快递和顺丰快递进行了合作，确保能将厄瓜多尔的玫瑰采摘后 48 小时内通过空运进口，再通过联邦快递、顺丰快递在 24 小时内送达全国 300 个城市。同时，蒲易带领团队选取进口的纸材、花盒做出兼具美观和安全的包装，并让设计师设计出 "Roseonly" 的 LOGO，一个高端鲜花礼品逐渐展现在大家面前。在一切都准备妥当后，蒲易反而紧张了起来，究竟市场对这款产品会做何反应呢？

（二）真爱上线：试运营反响热烈

2013 年 2 月 6 日，Roseonly 官网上线，预售 99 盒情人节玫瑰，蒲易将他酝酿已久的想法公之于众，规定送花需要绑定送/收花人邮箱等信息，收花人信息则不可更改。购花时，将生成一个由送花人和收花人共有的唯一二维码，并为二人产生一个独立的页面，以此机制保证一生只送一人。

为了这初次试水，蒲易在春节前疯狂"扫荡"微信朋友圈，单枪匹马发微博推广自己的 Roseonly。他身处的时尚、互联网、电商、奢侈品品牌等圈子成了最直接的受众，搜狗的王小川、新希望的刘畅、世纪佳缘的龚海燕等人都在积极转发。根据之前投资大众点评网的经验，蒲易深知不仅要用好社会化媒体，早期的种子用户也是非常重要的，一定要找意见领袖。于是，蒲易把目光聚焦到了身边的白富美、高富帅身上，想由他们来带动其他客户。结果效果出其的好，上线仅 4 天就销售一空。这其中，明星用户所带来的影响力更是惊人，2 月 14 日，男星贾乃亮送了 Roseonly 玫瑰花给李小璐，李小璐在微博上一转发，引起了轰动，那天蒲易正在三亚度假，结果手机快被打爆了！市场反响热烈，让蒲易开始畅想美好未来……

四、华丽绽放：品牌价值迅速传播

（一）社会媒体营销：明星领袖制造热点

试运营的火爆坚定了蒲易的信心，Roseonly 迅速发热的背后不仅是高端产品的魅力，更是品牌的影响力和感染力。

随之而来的是订单量的持续跃升。2013 年 3 月，Roseonly 卖出玫瑰上千盒，销售额跃至百万元，当月获得时尚传媒集团的战略投资。节日之外的日常销售从每日 20 盒、30 盒增长起来。空运厄瓜多尔玫瑰的班机从两周一班，变成了一周两班，再到每天运送，提前预订天数也从 15 天缩短至 5 天、3 天。到了 2013 年七夕节前，预订请求达到数万单，花店提前 5 天挂出售罄通告，最后销售玫瑰近 5000 盒。但这火爆的销售场景，却让蒲易焦急万分。

（二）快速成长之痛：经营利润困局

销售量的急速膨胀让蒲易有些措手不及，七夕当天遭遇了非常大的挑战。用户打不进电话，同样挂出售罄通知的天猫店里，用户依旧强行下单。对天猫运营仍生疏的团队不得不暂时关店。最终，来自天猫的订单占比不到 10%，但是卖家服务评级系统（Detail Seller Rating，DSR）评分一片惨绿。同时，公司仅给客户发送了延时送花的短信，客服电话不通，对媒体的采访不予回复。

虽然运营过程中出现了困难，但不可否认的是其可观的业绩。Roseonly 上线 6 个月，一直处于爆炸式增长的状态。业内纷纷看好，投资络绎不绝。然而，蒲易拒绝了十几家大公司，最终选择了腾讯，2013 年 10 月获得了其千万美元的 A 轮投资。

但是，风光无限的 Roseonly 却面临着利润的困境，蒲易发现，从买玫瑰花中赚到的毛利比较低，长此以往将产生经营危机，那么如何才能增加利润，打破困局呢？

五、舒枝阔叶：品牌产品延伸

（一）手工巧克力和永生花：丰富品牌形象

蒲易设想，男生可以送女孩玫瑰花，保证爱的唯一；如果女孩也觉得男孩是她的唯一，那么也应该回赠礼品，以彼此绑定。于是蒲易及其团队开始思考，到底该选择什么样的礼品呢？它既能表达浓浓的爱意，又不能缺乏新意，最好能像玫瑰一样代表爱情且具有一定的保质期以显示爱情极其珍贵。于是，在经过不断的思考比较后，蒲易最终选定了巧克力。

（二）线下体验店：品牌价值提升

Roseonly 上线半年后，销售额急剧上涨，七夕节甚至出现了线上疯狂抢购，订单量过大运力无法满足要求，从而导致天猫大量差评的恶性事件。这使蒲易开始思考，该如何解决类似问题。一方面要招聘更多员工，另一方面也要落实线下运营。于是，开线下实体店也被提上了公司的议程。考虑到 Roseonly 定位于奢侈品，而实体店又是品牌的窗口，所以将选址定于北京三里屯太古里北区，毗邻 Armani、Miu Miu 等世界顶级奢侈品牌旗舰店，并且聘请世界知名设计团队进行店内设计。最终，首家实体专卖店于 2013 年 9 月 9 日落户北京。

之后，随着市场需求的不断增强及腾讯的千万美元投入，同时也为了不断提升顾客的美好体验，Roseonly 开始不断开线下实体店，但实体店并不是盲目地遍地开花。定位于高端奢侈品的 Roseonly 难道只能服务于小众的高端客户吗？如何才能在不损害品牌形象的同时，扩大客户群体以获取更大发展空间呢？

六、香飘何处：奢侈品品牌路在何方？

2016 年 4 月 19 日，Roseonly 完成 C 轮融资。元生资本、盛世投资、君创资本共出资 1.9 亿元，Roseonly 无疑得到了投资人和消费者共同的青睐。眼看着 Roseonly 就要走过三个年头，蒲易心中感慨颇多。Roseonly 这么短时间发展到今天这样，运气好是一方面，过去失败的经验也帮助良多。面对花卉市场竞争日益激烈的现状，面对携带着强大资本和互联网优势的"高大上"电商企业，以及小型花卉实体店起家转战淘宝花店草根商家的双重夹击，加上后起之秀的模仿（RoseBox），四面楚歌中 Roseonly 又将何去何从？

七、后记

Roseonly 短短几年就发展成为了顶级奢侈品品牌，其中艰辛与磨难也许只有蒲易自己才懂得。但发展到现在，他心中很是欣慰，在他看来

Roseonly 现在还真心没有过什么大的失误。毫无疑问，他的心态现在也变得很好，很多问题困难都觉得很正常了。此时，最困扰蒲易的也许是 Roseonly 的上市计划了。目前 Roseonly 已经在和深交所接洽，有计划在创业板上市。当然，不排除在中国香港或美国上市的可能。各方面工作进展顺利的话，明年将启动 IPO。

附　录

表 6-1　Roseonly 的产品发展历程

产品类型	上市时间	产品细分	售价区间（元）	产品口号
鲜花玫瑰	2013 年 2 月 6 日	玫瑰长盒 玫瑰手捧 玫瑰礼盒	799~9999	在离天堂最近的花田，万里择一采厄瓜多尔顶级玫瑰
手工新鲜巧克力	2013 年 8 月 13 日	—	520	味蕾记得，我爱你
永生玫瑰	—	音乐玫瑰 圆盒、方盒、 心形盒、长盒玫瑰	520~39999	永不凋零的鲜花玫瑰，献给永世不变的真爱
玫瑰珠宝	—	项链、手链、 耳饰、钻戒、 对戒、套装	1999~169999	历经千锤百炼，让爱的誓言和初心永恒
定制婚礼	2013 年 12 月 7 日	—	100 万以上	我们的婚礼，是终身浪漫的开始
其他	—	围巾、玫瑰花环、 胸花、蜡烛、香薰	399~4999	—

表 6-2　Roseonly 的融资过程

次序	时间	金额	对象	对象选取原因
第一轮融资 （天使投资）	2013 年 1 月 4 日	—	乐百氏：何伯权 创业家杂志：牛文文 时尚传媒：刘江 淡马锡和清华同方：高管	乐百氏：非常有经验，一起合作过国内最好茶品牌 牛文文：处女天使投资 刘江：拥有很多明星资源
第二轮融资 （A 轮）	2013 年 3 月	百万元	时尚传媒：中国最大的传媒集团之一	时尚传媒：拥有众多明星资源

续表

次序	时间	金额	对象	对象选取原因
第三轮融资 （B 轮）	2013 年 10 月	千万美元	腾讯	腾讯：具有独特的社交媒体资源，承诺提供定制微信接口
第四轮融资	2014 年 5 月 6 日	千万美元	IDG：美国国际数据集团 ACCEL：红点风险投资	IDG：具有丰富海外投资全球顶级奢侈品的丰富经验 ACCEL：目前硅谷最领先的风险投资基金
第五轮融资 （C 轮）	2015 年 12 月	1.9 亿元	元生资本 盛世投资 君创资本	元生资本：前腾讯投资部负责人创立 盛世投资："最佳私募二级市场投资机构" 君创资本：投资了国内 TMT 领域的多个领军企业
计划上市	2016 年		深交所、中国香港、美国	

第二节　案例分析

一、价值定位

（一）客户细分

由表 6-3 分析可知其目标购买者是认同"真爱唯一，一生只送一人玫瑰"这一理念，处于金字塔塔尖，富有并且追求精致生活的男性。

表 6-3　购买者市场细分思路

购买者（男性）细分维度				价值观	
				相信真爱唯一	不相信真爱唯一
收入水平	高收入群体	生活方式	追求精致生活	√	×
			追求普通生活	×	×

购买者（男性）细分维度			价值观	
			相信真爱唯一	不相信真爱唯一
收入水平	低收入群体	生活方式	追求精致生活	×	×
			追求普通生活	×	×

从表6-4中可知其产品的目标使用者就是认同"一生只送一人玫瑰"理念的，追求精致生活，并且愿意与他人进行分享的女性。

表6-4　使用者市场细分思路

使用者（女性）细分维度			价值观	
			相信真爱唯一	不相信真爱唯一
生活方式	追求精致生活	社交活跃程度	活跃度高	√	×
			活跃度低	×	×
	追求普通生活	社交活跃程度	活跃度高	×	×
			活跃度低	×	×

（二）客户痛点

人们常说美好的事物总是短暂的，但相爱的人却一直渴望真爱永恒。男生可以送女孩玫瑰花，保证爱的唯一；如果女孩也觉得男孩是她的唯一，那么也应该回赠礼品，以彼此绑定。于是蒲易及其团队开始思考，到底该选择什么样的礼品呢？它既能表达浓浓的爱意，又不缺乏新意，最好能像玫瑰一样代表爱情且具有一定的保质期以显示爱情极其珍贵。

（三）解决方案

Roseonly用德国技术制造、可以保存3年的永生玫瑰，满足人们"以永不凋零的玫瑰，致意永恒不变的真爱"的渴求。让鲜花的色泽、外形恒久保留，Roseonly选定当地最优秀的手艺人，让顶级厄瓜多尔鲜花玫瑰，历经时间的极致考验，包含工艺和上百手艺人的专注，让玫瑰得以永恒绽放。

二、价值创造

（一）产品开发

（1）产品横向拓展。蒲易在经营时发现，无论是线上还是线下，很多顾客都会通过留言、电话或直接询问前台等方式询问 Roseonly 是否还提供其他产品，一方面是他们觉得总送花缺乏新意，另一方面他们想在生日等特殊的时候既能送些独特的产品，又能传递"一生只送一人"的理念与高品质，因此在线上 Roseonly 还开发了鲜奶巧克力、玫瑰珠宝、永生玫瑰、生日礼品等多种产品。

（2）品牌线下拓展。在迅速达到行业之巅后，挑战也随之而来，作为高端品牌，面对小众群体，致力于将 Roseonly 打造成世界奢侈品品牌，产品线下发展面向更大的顾客群体成了必然的选择。蒲易借鉴维多利亚的秘密品牌的发展思路，决定在 Roseonly 旗下成立一个子品牌。"所以 Roseonly 是我们最高端的系列，面向维多利亚的秘密的正牌。'专爱'，有点像维多利亚里面的一个系列。"

（二）客户体验

Roseonly 迅速发热的背后不仅是高端产品的魅力，更是品牌的影响力和感染力。Roseonly 主打"一生只送一人"的爱情唯一理念，抓住了很多年轻女性的心理。这股热潮持续发力，很快，明星成了传播主力。从情人节、白色情人节、母亲节到七夕，李小璐、杨幂、李云迪、林志颖等明星纷纷晒单，李念的弟弟李思带 Roseonly 上《非诚勿扰》也成为了一时话题。明星、意见领袖在社交媒体上对 Roseonly 的热捧效果惊人，常常一举给 Roseonly 官方微博带去数万粉丝，还有对官方网站的巨大流量冲击。

（三）产品迭代

（1）产品迭代1.0。厄瓜多尔玫瑰有着"玫瑰中的劳斯莱斯"之称，产自亚马孙流域，生命力旺盛，与国内鲜花市场上几毛钱至数元钱成本、花期短的玫瑰不同，厄瓜多尔的玫瑰冷冻后通过海运到荷兰拍卖，仍然可以保持一周时间花开不败。如此高质且稀缺的产品正中蒲易的下怀。

（2）产品迭代2.0。Roseonly定位为奢侈品品牌，那它的产品就不能如市场上的一般产品一样，而必须如Roseonly的玫瑰般具有顶级品质，所以蒲易与Jean Georges餐厅合作打造了一款真爱手工新鲜巧克力。2013年七夕，该系列巧克力正式上线。

（3）产品迭代3.0。鉴于顾客们的要求与需求，蒲易决定拓展产品线，如"生辰石"、"珠宝"、"围巾"、"项链"、"手链"及"耳饰"等。

（4）产品迭代4.0。2014年1月4日，Roseonly成立一周年之际，Roseonly姐妹品牌LoveRoseonly（专爱）诞生，它秉承"爱时尚，爱鲜花，爱专爱"的理念，可以送爱人、送亲人、送朋友，打造花一样的美好生活方式。

三、价值传递

（一）品牌传播

Roseonly选定高端鲜花市场，并且结合"一生只送一人"理念，放弃了亲友间鲜花互赠的市场，选择了情侣、爱人间鲜花赠送这一细分市场，并且针对的是相信真爱唯一，愿意践行一生只爱一人的情侣。

通过"一生只送一人"的理念深入人心，Roseonly塑造了真爱唯一的形象，为消费者植入了一种"Roseonly就是真爱的象征"的印象，从而占据了消费者心中的独特地位。同时，让消费者意识到，买Roseonly的产品，不仅是买到了鲜花，更是收获了唯一的爱情，收获了众人对你们的爱情的祝福。而这些是其他普通的鲜花无法做到的。Roseonly 以情动人，通过满足真实内心的需求，成功占据行业制高点。

（二）渠道分销

"我们完全按照星巴克的模式在开店，星巴克最早期不是一杯一杯卖咖啡的，是卖咖啡豆的，所以当开了第一家店比较成功之后，去外面的城市开咖啡店的时候，选择了那些在线上购买咖啡豆比较多的城市。Roseonly 也是吸取这个经验，不管全国的零售市场或者奢侈品怎么消费的，我们跟着用户走。我们的消费者，我们的用户北京最多，然后是上海、广州、深圳、杭州、成都，所以我们也这样走。"

Roseonly 上线 6 个月，一直处于爆炸式增长的状态。业内纷纷看好，投资络绎不绝。然而，蒲易拒绝了十几家大公司，最终选择了腾讯，2013年 10 月获得了其千万美元的 A 轮投资。蒲易看中的是腾讯在社交媒体上的独特资源，微信做得很成功，与腾讯合作将可以使自己的团队更好地学习互联网。事实证明，蒲易的选择十分正确，后来微信为 Roseonly 开了一个专门的接口，定制了一个"特供"的定制爱情唯一服务号。微信商城也成为 Roseonly 网络销售的一个重要渠道。

（三）盈利模式

依靠明星微博宣传的方式越发难以满足企业发展的需要，经过慎重思考，蒲易选择了很经典的电影进行广告植入，他与郭敬明导演的作品《小时代》一拍即合，Roseonly 在电影中亮相使得其名声大噪。随后，经过重重审视和选择，蒲易选中了李易峰和杨幂主演的电影《怦然星动》，由章子怡和彭于晏主演的《奔爱》，以及周星驰导演、邓超主演的《美人鱼》等电影进行合作。这些电影都与 Roseonly 的爱情观一致：真爱，是一生只爱一人。电影的植入，成功地将 Roseonly 推向了新的高潮。

蒲易没有停止前行的脚步，决定继续出击。进一步扩大经营范围，向婚礼用花扩张，刘诗诗和吴奇隆的大婚无疑是一次展现的绝佳机会。此前刘诗诗的生日，Roseonly 特意送上巨型定制永生玫瑰礼盒，开启预热。在婚礼上更是被推向顶点，Roseonly 甄选全球顶级花材，将 50 万枝鲜花从世界各地空运至巴厘岛。特邀全球顶级婚礼大师 Preston Bailey 担纲首席花艺顾问，并于婚礼前夕亲赴巴厘岛现场为刘诗诗制作新娘手捧花。婚礼现场花海每一处细节都经过精心设计与匠心打造，这样的一场婚礼又让 Roseonly 成功圈粉无数，引发新的潮流。如表 6-5 所示。

表 6-5　Roseonly 的盈利事件

时间	产品	传播平台	事件	营销契机	效果
2013 年 2 月 6 日前	鲜花玫瑰	微信、微博	蒲易"扫荡"朋友圈、微信群	官网上线，预售情人节玫瑰	2 月 10 日销售一空
2013 年 2 月 14 日	鲜花玫瑰（朱砂红玫瑰）	微博	"新晋美妈"李小璐收到贾乃亮送出的 Roseonly 朱砂红玫瑰，万分感动之下，在微博上高调晒甜蜜	情人节	引起人们广泛关注与讨论，首轮微博营销开启
2013 年 3 月 14 日	鲜花玫瑰（初心白玫瑰）	微博	热恋中的杨幂收到象征着"历经世事而初心依旧"的 Roseonly 初心白玫瑰，无比欣喜；同一天，"钢琴王子"李云迪也在微博上晒出爸爸送给妈妈的 Roseonly 玫瑰，祝福他们"携手到老，相濡以沫"	白色情人节	杨幂与李云迪微博：转发：9 万条评论：5 万条点赞：11828 次
2013 年 5 月 20 日	鲜花玫瑰		Roseonly 第一年"真爱时刻拍卖"，无论天涯海角，帅气的 Roseonly 玫瑰骑士都会在 5 月 20 日 13 点 14 分准时将代表唯一真爱的玫瑰送到收花人手中	网络情人节	
2013 年 7 月	鲜花玫瑰	微博	"全民男神"林志颖在最重要的七夕节，选择 Roseonly 玫瑰表白心意，向热恋多年的女友陈若仪浪漫求婚，许下庄重的承诺	七夕情人节，林志颖求婚	林志颖微博：转发：4 万条评论：2 万条点赞：2 万次

时间	产品	传播平台	事件	营销契机	效果
2013 年 8 月 13 日	巧克力	微博	"暖心萌爸"贾乃亮等众多明星收到另一半送出的 Roseonly 爱情信物，"一生只送一人"成为最浪漫的告白方式	七夕节	微博转发：5 万条 评论：3352 条 点赞：7336 次
2013 年 12 月 25 日	鲜花玫瑰	北京三里屯太古里店	"玫瑰特使"张亮和天天现身 Roseonly 北京三里屯太古里店，为幸运用户送花，表达暖心圣诞祝福	圣诞节	微博：转发：1 万条 评论：1 万条 点赞：7 万次
2015 年 1 月 4 日	鲜花玫瑰		Love Roseonly 牵手品牌挚友杨幂，将杨幂以自己对美好生活的感悟作为创作灵感，融入每一款鲜花作品的设计之中，与大家分享花一样的美好生活	品牌诞生两周年之际	
2015 年 2 月 8 日	鲜花玫瑰	现场	"摇滚偶像"汪峰选择 Roseonly 打造百万求婚派对，将派对现场精心布置成浪漫花海，章子怡激动落泪说出"我愿意"	汪峰求婚章子怡	
2016 年 2 月 8 日	鲜花玫瑰	电影	在周星驰最新的电影《美人鱼》中，邓超饰演的男主角肩扛 Roseonly 玫瑰花，手拿 Roseonly 戒指，单膝跪地向女主角求婚，制造了浪漫画面。该影片创造了华语电影最高票房	电影春节档	

在蒲易看来，盈利并不是目前阶段最重要的，现在的工作重心是产品体验和实体店发展，同时把团队建设做得更出色。但未来的路还很长，这个爱与梦想的故事会如何发展呢？留待和时间一起见证吧！

第七章
春雨医生：移动医疗商业模式

春雨医生创立于 2011 年 7 月，历经 4 年的时间，截至 2015 年 7 月，春雨医生已拥有 6500 万用户、20 万注册医生和 7000 万条健康数据，每天有 11 万个健康问题在春雨医生上得到解答，是世界上最大的移动医患交流平台。

第一节　案例故事

目前，中国移动医疗产业风起云涌。至今，市场上关于移动医疗的 APP 已有 3000 多款，尽管摸索多年，现有的移动医疗项目却一直未能拿出适合中国国情的商业模式，业内甚至开始出现"九成移动医疗企业将成炮灰"的悲观论调。2011 年 11 月，从媒体人转行的张锐选择了春雨医生，在创业过程中，遭遇了商机多变、资金困境、变革质疑等一系列危机。本案例聚焦该企业的创业过程，探讨张锐如何用春雨医生实现中国移动医疗的 O2O 之路，达到价值共创。

一、引言

2015 年 10 月，创立于 2011 年的移动医疗企业春雨医生经历了创业四年来的第一场舆论风波。这场风波来势汹涌。10 月 17 日、18 日正好是周末，一篇名为《论春雨医生的倒掉》的文章在朋友圈疯传，让原本前途就充满着不确定性的移动医疗引发了多方争议。一场关乎春雨医生、关乎移动医疗命运的论战就此被点燃。

文章的作者是山东潍坊的一位"70 后"骨科医生，文章通过逻辑分析，认为春雨医生从互联网切入，在医疗行业并未赚到钱，要建线下诊所，说明线上问诊的尝试几近失败。如果最终走向线下，要赚钱的话，难免要用医疗圈旧有的盈利模式，比如靠卖药和医疗器械生存，这样就失去了变革的意义，还不如趁早关门。

在疯狂传播的背后，这究竟是如春雨医生此后所说系"竞争对手在推动"，还是春雨医生自导自演，抑或只是单纯因"围观"而造成的转发潮？

且先不论该事件背后的真相如何，此文被疯转后，很多人持不同看法，也有人怀疑春雨医生是不是真的关门了。那么，到底春雨医生是一家怎样的公司？

二、选择移动医疗，步履维艰

（一）市场多变，媒体人转行

春雨医生的创始人张锐，曾是一个典型的媒体人。攻读中国人民大学新闻传播学的硕士学位后，就职于中央电视台《新闻调查》栏目，后转战《京华时报》，再转战加盟网易，任副总编。

2011 年的春天，身为网易副总编的他每天还在办公楼里，开着没完没了的会，公开课、微博、新闻频道，各个部门都等着他决策，也包括当时正开始起步的网易新闻移动客户端。在流量为王的门户时代，数据是衡量一个产品最关键且唯一的指标，"移动端的（数据）变化是一个指数性的增长，你就会预感到这个环境，春江水暖鸭先知，你是要跳到河里"。

媒体人敏锐的特性，让他感觉到"这是10年以来移动互联网最好的一个机会"，错过了太可惜，他决心创业。在网易有多年工作经验的张锐深知团队的重要性，因此，他做的第一件事是找合伙人。张锐作为CEO组建起了春雨医生的骨干团队，CTO曾柏毅曾供职于网易有道，COO李光辉之前曾是香港伽马集团中国区总经理，张锐还拉来了协和医院心血管内科医生卢杰担任首席医疗官。

张锐、曾柏毅和李光辉三人第一次见面是在清华附近的一个咖啡馆里，张锐用整整两个小时向曾、李两位阐述了移动互联网的发展趋势，张锐说："有前途、有前景的事我们自己干。"他们聚在一起，每天一边聊天一边翻看iPhone应用商店里的分类。应用商店里的各种APP多如牛毛，他们逐类分析用户喜好和商业前景。电商，不适合小资金的创业；工具类应用，系统和电信运营商更有优势；也不能再碰社交和游戏，前者需要更多的推广资源，且已是腾讯、新浪等大公司的天下，后者则同质化严重、红海一片，并严重依赖发行渠道。最后，他们将目光聚焦在了儿童教育和健康上。

张锐开始了思考与权衡。他发现，儿童教育市场已经开始呈现出爆发性增长的趋势，但国内儿童并不可能自主使用智能手机，产品应用也需要服从家长意志。健康则是每个人的基本需求，生活质量越高，人们对个人健康越关注。张锐认为，这里有足够大的机会，最终选择了健康领域。

选择了分类，具体以什么产品切入呢？用卡路里测算肥胖的程度、围绕想减肥的用户做文章？还是用语音结合资信的模式做电台上火爆的知心姐姐心理咨询应用？哪种产品能够很快得到用户热捧又有足够大的商业延展空间？

张锐想到了和父亲一起生活时的一些细节。他的父亲是名医生，以前他常常看到父亲通过电话帮助亲友进行简单病症的诊断和用药指导。中国多数人的习惯是，身体不舒服时要么扛着，要么问问身边人或去网上搜索自己的病症，然后跑药店买点药吃，实在不行了才会选择去医院。张锐意识到，问诊这个长期存在的市场需求一直未得到满足，智能手机的普及带来了用新技术满足旧需求的可能。经过反复讨论，一个后来被命名为"春雨掌上医生"的应用方案浮出水面。

2011 年 7 月，三个人凑了几百万元，在海淀区 768 创意园里租了一间120 平方米的办公室，正式开始研发春雨医生。

（二）资金遇困，A 轮融资

此时产品还没上线，张锐每天去跟天使投资人见面，此前因为在媒体的经历他接触过很多投资人，但人脉资源并没有给他带来一些便利，他所选择的在线医疗在很多投资人眼里没有任何商业价值。

而春雨掌上医生预计在 2011 年 11 月上线，但上线需要一笔不小的推广费，此时张锐等人手中剩余的资金无法满足上线推广的资金需求。

天无绝人之路，在一次朋友间的饭局上，张锐遇到了蓝驰创投的创始人陈维广，张锐向陈维广阐述了自己的商业版图，当即触动了陈维广。陈维广有一次去医院检查身体，跟大夫闲聊时，对方跟他吐槽说自己的病人一半都不需要来看病："那些真正需要看病的人都没法及时看病，你知道吗？"当张锐说春雨医生能线上诊疗身体轻微不适的时候，陈维广当即决定投资。

一周后，张锐签订了 A 轮 300 万美元的合约书，首次尝到了融资的喜悦。拿到合同后，张锐"很欣喜"，觉得这 300 万美元是对自己所选择行业的一种鼓励，使张锐更加坚定地选择走移动医疗的道路。

三、小试牛刀，开启资金消耗战

（一）布局产品，措置有方

外界对春雨医生的模式也充满了质疑。在资本市场向来以数据论成败的评价体系里，基于活跃度的每日活跃用户数（Daily Active User，DAU）是一个非常重要的指标。但张锐觉得有些委屈，以航班管家为例，"我是商旅人士，出差的机会已经是非常多了，但即便如此，我一周用一次，也不过是周活跃用户"，而问诊更是基于身体不适的低频应用，投资人总用 DAU 去衡量这个体系并不公平。同时，各个医患沟通、在线问诊的平台都在争夺医生，给予医生补贴是一个不二的选择。这将是一场资金消耗战役，小的玩家将无法参与游戏。

（二）市场拓展，寻求医生资源

APP 推广、医生付费需要大把的钱，基于每日活跃用户数指标和医生资源的影响，春雨医生开启的"烧钱"之路烧得很快。联合创始人曾柏毅对那段时间记忆深刻，公司账面已经没法支撑，但在线提问量快速增长。随着用户量的增大，春雨医生发现，这种补贴越来越无止境，如此下去只会导致恶性循环，春雨医生团队再次遇到了资金问题。

四、寻找投资，屡败屡战

（一）再遇蓝驰创投，峰回路转

2012 年 5 月，张锐和团队开始着手 B 轮融资。接下来的整整 4 个月，张锐每天都要去见很多投资人，参加很多可能为融资加分的创业大赛。很多时候，张锐要花费很大力气跟投资人普及基本的移动医疗常识以及行业趋势。陈维广记得，产品刚上线那两年，没有多少人相信张锐，"大家都觉得他是疯子，他说的这个东西不靠谱，甚至有人说，有一天被政府抓进牢里也有可能，因为这个是有一点政策风险的"。张锐也常犯嘀咕："他们都说好了，怎么这样呢？"后来想想，"哦，原来人家就是给我个面子啊！"

直到 2012 年 9 月，在一次创业演讲中，张锐在台上阐述中国未来的医疗问题以及面临的老龄化困境，贝塔斯曼的一个合伙人被打动了，当场决定投资。从会场出来，张锐第一时间拨通了陈维广的电话，激动地说："我们找到了一个愿意投我们的投资人、相信我们的投资人。"

2012 年 9 月底，春雨医生终于完成了 800 万美元的 B 轮融资。在这一轮资本市场遇冷后，曾经深信自己产品能解决医患矛盾的张锐一度有些自我怀疑。B 轮融资后没多久，他的东家贝塔斯曼与真格投资了一款女性经期产品——大姨吗，500 万美元的 A 轮融资，短短 4 个月后，大姨吗又获得了几家知名公司 1000 万美元的 B 轮融资。大姨吗只比春雨医生晚上线一个月，两年里日活跃用户数高达 320 万人。有一次，在自己开的咖啡馆里，张锐跟陈维广抱怨："为什么一个经期产品都能这样？那我不白干了这么多年。"

陈维广能理解张锐的失落，　心想搭建国内最大线上医疗平台的张锐，甚至想要借此助力调整中国不均衡的医疗资源。"他是一个有点理想主义的人，他常说春雨医生要变成一个让中国人免费看病和低价买药的公司，但别人都觉得这太虚了，你得拿出数据来。"

（二）立足用户，机遇与挑战

但是，这个阶段的春雨医生依旧面临多重困境。

一方面，很难找到医院与用户之间的平衡点。由于国内医疗资源分配不平衡，看病难的问题非常突出，所以也更加凸显了春雨医生可能面临的挑战。比如在春雨医生的模式中，医生是很核心的资源，但医生大多供职于公立医院，不像美国的医生类似于个体户，不依附哪家医院。如何在现有体制下，既让医生平衡与医院的利益，同时也让其兼顾用户的利益，在医院和用户之间找到平衡点，是春雨医生需要探寻的。

另一方面，以烧钱为营销模式，未进入收费阶段。在此之前春雨医生的服务一直免费，尽管尝试过自由定价模式，不过张锐表示这并不是春雨医生的商业模式，不稳定的自由定价不能成为可靠的收入来源，事实上春雨医生这两年贴了不少钱。

B 轮融资时，春雨医生注册用户达到 1200 万人，注册医生 10000 名，日均问题量 2.5 万个，用户并不需要为提问付费（自由定价除外），为了维持医生的积极性，春雨医生每年都要给医生补贴数百万元，这成为了春雨医生最大的支出，张锐把它理解为教育市场的费用。

虽然春雨医生已经获得了 300 万美元的 A 轮融资和 800 万美元的 B 轮融资，但不论是对春雨医生还是投资人来说，这样无止境的补贴都不是长久之计。有些盈利模式在考虑，但还并不成熟，比较难以形成收费模式。

五、破釜沉舟，商业模式变现

（一）增值服务，反遭用户质疑

B 轮融资以后，张锐一直在寻找可持续的盈利模式。张锐选择了会员制，但会员制的推广，一开始也受到不少质疑。张锐对此也比较烦恼，"好像一说收费大家就觉得我很'反动'，我担心用户会不会说你先收费了，然后跑了。"在经过了两年的摸索和煎熬后，春雨医生终于迈出了商业化的步伐。所有人都在说免费，这让收费变成了一件离经叛道的事情，春雨医生免费了两年，突然推出收费的会员机制，尽管是增值服务，张锐仍然担心用户不理解。

这么早收费是否是招险棋？对此，张锐表示，经过两年的市场教育，医生和用户交流习惯已经初步形成，此时，春雨医生平台已经有 1500 万用户，每日有 25000 个问题。在此之前，春雨医生团队对 400 个样本进行电话访谈，92% 的人表示愿意付费。因此，春雨医生决定尝试做会员制收费。

结果一个月间，平台问题量从过去每天 30000 个降到了 3000 个，并且受到了广大网友的质疑。时至今日，张锐一直觉得这是他犯过的最愚蠢的错误，"高估了用户的付费意愿"。

（二）空中医院，开启一对一服务先河

所谓的"空中医院"，更像是医生的个人品牌运营平台。上线这个功能之后，春雨医生的平台化特征就更加明显。从医生端看，春雨医生的这次版本更新更像是对医生资源的一次整体梳理：提供平台给医生做服务产品销售，并提供相应的辅助体系来帮助医生运营个人品牌，比如新版本中的"关注"和"粉丝"功能及相关的推广位，而春雨医生则从中抽取交易额的 20% 作为自己的收入。

而从用户端这边来看，春雨医生则更像是一个覆盖了健康管理到轻度问诊的工具：这次上线的"空中医院"，也是向后端轻问诊甚至线下诊疗的延伸，比如有高频需求的育儿咨询就可以选择购买私人医生服务，有更深度需求的患者就可以完成一个线上挑选医生、购买门诊服务、线下就诊的求医闭环。

张锐自豪感十足。尽管在很多人看来，会员制和空中医院是春雨医生探索商业化的重要举措，但张锐坚信："我们盈利的主要来源一定是 to B 的。"

（三）携手电商，完善医疗产业链

同年，作为"轻问诊"平台的春雨医生，激活用户数超过 3000 万人，拥有 4 万家全国公立二甲医院以上、主治级别以上医生的强大资源，每日用户提问量超 5 万次，在这些相关健康咨询问题中，有近 65% 的用户会在医生建议下产生购药需求。也正是基于这一构想，2014 年 9 月，春雨医生联合好药师开启移动药品零售。

好药师与春雨医生具体的合作形式，对于移动医疗领域来说是极具创新性及启发性的。用户在春雨医生 APP 内完成与专业医生的咨询之后，若沟通过程中，医生提到了某种药品，咨询界面底部将出现相关药品及购药信息，用户点击后即可进入好药师购药界面，可直接下单完成购药流程，由专业第三方配送企业送药上门。若医生未提到某种药品，系统也会根据医生对用户所患疾病的判断，推荐对症的药品。

除此之外，春雨医生与好药师的 O2O 合作正式拉开帷幕：用户在春雨医生形成药品的购买需求后，好药师直接将需求分发给合作药店中离用户最近的药店，由该药店为客户进行就近配送。好药师将与春雨医生合力搭建及时感知用户需求的绿色通道，为用户寻医购药的专业健康服务提供现实支撑。

那么，其与药店合作的盈利模式将是怎样的？毕磊表示现阶段更多地在考虑用户体验与需求，盈利模式反而是其次。据其介绍，春雨医生接下来将通过 ERP 系统，进一步沉淀用户，对包括导入合作药店的用户进行精准管理，"这样一来，导入的用户购买频次将极大提高"。

而最为简单的盈利方向，则是收取订单佣金。"但这目前对我们来说，并不是最重要的。"毕磊强调道。

（四）方兴未艾，融资创领域之最

用户增长还没有带来变现的可能，春雨医生还在继续烧钱，想要做大也需要更强大资本的支持。近一年半之后，2014 年 1 月，张锐又开始准备 C 轮融资。随着国家政策对移动医疗的放开，资本市场的目光开始投向这个领域，张锐对 C 轮融资保持比较乐观的心态。但他没想到，从 1 月开始准备，一直到 8 月才谈妥。春雨医生当时面临着非常大的财务压力。李光辉甚至跟张锐说，实在不行他就卖了自己的房子，手里拿个五六百万元，至少能维持公司两个月的运转。

陪着张锐每天跑投资市场的公关经理徐研妮回忆，到 2014 年 6 月的时候，张锐开始密集约见投资人，每天 3~4 个是常态。张锐在此次融资时的态度比较强硬，他的预期估值是 2 亿美元，对于想要降低估值的投资人，他一律拒绝。

8 月 19 日，春雨医生获得 5000 万美元的 C 轮融资，创下国内移动健康领域最大的单笔融资纪录。

六、版图再拓，致力打造 O2O 闭环

尽管拥有 9200 万激活用户，41 万名公立二甲医院以上的专业医生，每天 33 万个医疗问题在春雨医生得到了专业医生解答的经营状况足够让人艳羡，但其免费的路径设计毕竟不是长久之计，2015 年网上就曾风传其将关闭。作为一个移动医疗的创业者，张锐认为，移动医疗没有可复制、可借鉴的模式，春雨医生一直在探索中前进，而每一个新业务的出现，就会有一些反对或不看好的声音。

2015 年 5 月 7 日，张锐带领的春雨医生团队宣布，于全国 5 个重点城市开设 25 家线下诊所，春雨医生将邀请来自三甲医院的主任医师坐诊线

下诊所，并提供基于线上线下相结合的私人医生服务，打造"online+offline"的全流程就医体验。据了解，春雨医生并不是完全独立开诊所，而是采取线下诊所合作的模式。对于具体的合作方式，张锐表示暂时不便透露，"因为牵涉到好多合作伙伴，每家都不一样"。

首批开设的这 25 家春雨医生诊所分别位于北京、上海、广州、杭州、武汉 5 个城市，属于签约合作的众包形式，与闲置的医院资源或者机构资源合作，具体合作方式不方便透露。但不难想象，硬软件资源，比如医疗器械、用具等都可以由第三方提供。医生不需要全职入驻，早期以就近原则提供坐诊服务，春雨医生暂时不会收取分成。

据春雨医生的 CEO 张锐透露，春雨医生还将在全国 50 个大中型城市进一步开设 300 家诊所。春雨医生会邀请来自三甲医院的主任坐诊春雨医生诊所，采取"线上+线下"私人医生服务年费制度，诊断不额外收取费用，并且支持部分药品医保报销。

目前，我国已有 90 多万家基层医疗机构，那为什么春雨医生还要去做诊所？原因可能在于机构效率低，对医生缺乏激励机制，无法调动其积极性。春雨医生 CEO 张锐向媒体表示，春雨医生的目标是"让 1 亿中国人拥有私人医生、让 50 万中国医生成为私人医生"，他算了一笔账，照此计算，每个医生管理 200 个人，按照每个用户每年花费 3000 元计算，每个医生每年的收入就能达到 60 万元。"60 万元，将改变整个医疗生态。"张锐认为，如果一个医生在春雨医生一年收入 60 万元，他可能就不在公立医院了，可能会直接成为春雨医生的全职医生，这对受限于医院的医生来说是很有诱惑力的。

在春雨医生的版图里，张锐希望通过布局线下完成问诊、检查、开药、手术、住院整个医疗体系的闭环，但这样一个庞大的商业模式对互联网企业来说有着不小的实现难度。

张锐思考最多的一个问题是：在庞大的用户基数的前提下，如何实现稳妥的平台变现？如何实现大健康医疗生态系统？

张锐曾说，春雨医生只有先积累足够大量的用户和用户使用行为数据，其大数据分析才会有价值。那么，春雨医生的大数据商用时代能否到来？

附　录

春雨医生与丁香园，线下诊所大对比

日前，互联网医疗公司丁香园和春雨医生都已布局线下医疗模式，目标也都基本一致，就是你最常听到的：打通O2O，为愿意多点执业的医生提供诊疗服务平台，但两家公司开办诊所的思路却不尽相同。

表7-1　春雨医生和丁香园线下诊所比较

	春雨医生	丁香园
创业者	张锐	李天天
创业者个性	"门外汉"干内行的事情，优点是思维不受束缚，天马行空。因此，绕过牌照难题，利用医院现成的闲置医疗资源和医保资质，自己只干擅长的在互联网上调配医生资源，这种做法有利于诊所规模的快速扩张	在任何场合都强调医疗质量和患者安全，作为临床摸爬滚打过来的医生，医疗对于他不是抽象数据，而是带着体温和情绪。看得见线下医疗的美好前景，但更要防备医疗风险。宁可速度慢一些，但求步步稳扎稳打。自建诊所难度虽大，但在人才管理和医疗流程管理上更可控
实现途径	与医院合作的轻资产模式	自建诊所的重资产模式
目前进展	2015年5月7日，春雨医生已经在北京、上海、广州、武汉、武汉正式揭牌了25家线下诊所。7月，春雨国际医疗中心低调开业，该中心主要服务于有海外医疗需求的客户。在春雨医生的轻资产模式下，自己不养医生，线下诊所医生也不是全职。线下诊所成本投入较少，钱主要花在医生补贴方面。在管理体系、制定准入标准方面，新增加的团队人员只有10人左右。诊所场所和硬件设备均由合作医院提供	丁香园拿到第一家诊所的开业执照。执照注明医疗机构性质是"综合门诊部"，丁香园选址的用意在于靠近大医院，诊所能够更快地完成重病和疑难杂症患者的转诊。但真正原因可能在于方便大医院医生多点执业。第一家诊所定于2015年10月8日开业。丁香园正在面向全国购买护理耗材和医疗设备，重要检查将由第三方检验机构完成

续表

	春雨医生	丁香园
创业者	张锐	李天天
诊所定位	从经营思路上看，线下诊所更像是一个医生多点执业平台。邀请来自三甲医院主任坐诊诊所，多点执业。计划前期和社区、民营医院合作，后期自己挂牌建立医院。场所、医疗设备和医保资质由合作医院负责，春雨医生负责制定标准和管理流程，通过网络调配医生资源	诊所的定位是"慢性病、常见病、多发病的治疗工作"，因此诊所的方向将以全科为主。李天天说，会把儿科当作一个特色来做，因为小孩本来也没有医保，家长也倾向于能提供好的服务的医疗机构
人员配备	春雨医生不招聘全职医生，选择的兼职医生必须是三甲医院副主任或主任级别的医师，在春雨医生上注册，并且有强烈的多点执业意愿。虽然媒体没有详细报道，但25家诊所开业的速度说明在招聘兼职医生上并没有遇到太多困难。不过网络上并未找到详细的春雨医生招聘医生的招聘条件	招聘医生分两类：全职医生和兼职医生。全职医生的招聘条件要求硕士学历，中级职称，工作5年以上，大型三甲医院工作经历是加分项。诊所计划招聘内外妇儿、全科、老年科、急诊等医师共58人，而媒体报道目前到位20名。同时，也面向杭州本地招聘多点执业医师
服务人群和收费模式	春雨医生采取"线上+线下"私人医生服务年费制度，服务卡有效期一年，现价为980元/张，诊断不额外收取费用，并支持部分药品医保报销。春雨医生线上客户以大型企业员工和大客户增值服务为主，线下诊所开业后计划把线上客户的需求引导到线下	会员制将是丁香园诊所患者管理的方式之一。而患者看病实行诊金制，"比如说，我们儿科的初诊费是每次300元，平均时间能保证有15~20分钟"，李天天表示，要服务的人群一定是有支付能力的，有需求，并且愿意去和医生互动的这样一群人

第二节　案例分析

一、价值定位

（一）客户细分

首先，春雨医生在不同阶段对顾客细分不同。在春雨医生的发展初期，在地理细分方面，主要集中于一二线城市市民，他们对健康的关注度高。在发展中期，根据患者的收入水平不同，将客户划分为低等收入者、中等收入者和高等收入者。在发展后期，将患者和医生根据不同的部门划分，充分利用医生的空余时间和优质技术，满足患者的不同疾病需求。

其次，企业在市场细分的基础上，对各个细分市场进行评估，根据自身的资源条件和经营目标，选择和确定一个或几个最能发挥企业资源优势和最有利于经营的细分市场作为自己的目标市场，然后根据目标市场的特点实施企业的营销战略与策略。在初期阶段，开发出 APP 春雨医生，满足那些上班族、病情轻的患者，年龄层次集中于 21~39 岁。在中期阶段，根据客户的收入水平不同，提出有限次数免费的普通服务、不限次数收费的会员服务，以及收费 2~200 元的私人医生服务。在后期，针对更多患者的需求，春雨医生开始与线下闲置医疗门诊、社区医院合作，提供线下坐诊和购药服务，同时也有保险服务。

最后，市场定位指对企业的产品（服务）和形象进行设计，使其在目标顾客中占有一个独特位置。在初期，对于健康的关注度高，同时仅仅有小疾病，又没时间、没必要去医院的患者，定位于轻问诊服务。在中期，很多患者不只是需要轻问诊，更需要寻求医生治疗疾病，定位于私人医生服务，为患者建立个人健康档案，享受更专业的私人服务。在后期，越来越多患者需要购药和保险的服务，春雨医生定位于线下门诊和保险业务。

（二）客户痛点

中国多数人的习惯是，身体不舒服时要么坚持，要么问问身边人或去网上搜索自己的病症，然后到药店买点药吃，实在不行了才会去医院。整个中国社会中还存在着庞大的数以亿计的亚健康群体，其中绝大多数人并不具备就医的条件或就医的意识，八成以上的人有咨询的需求。同时，医疗行业有较高的专业门槛，市场化程度低，有价值的医疗健康类移动互联网产品还不多，是一片不多见的蓝海。查一查数据：医疗健康产业在美国 GDP 中的占比达 20%，欧洲一些国家甚至达到 40%，而在中国，医疗健康产业的贡献仅仅是 6%。

医疗诊治针对人的疾病，直接触及人的身体，具有高度的特殊性和贴近性，医生需要和患者面对面近距离接触，通过"望闻问切"并借助医学检查结果，对患者的病情做出判断。互联网为人们远程交流提供了前所未有的方便，不限时间与距离，使医生和患者能够进行远程交流。

（三）解决方案

春雨医生的定位是：春雨扮演的角色是平台，在上游聚集了自诊症状、病情等数据库，也邀请了医学专家等专业人士在线答疑，下游黏合的是用户，医生与患者之间的互动可以有"自诊"、"问诊"两种形式。

春雨医生要做的是把闲置的医生资源动员起来，让他们通过互联网为用户提供"轻问诊"服务。"中国 95% 以上去医院的就医行为都可以通过'轻问诊'来解决。'轻问诊'不解决疑难杂症，只给中国人提供更科学的健康指导和轻度病痛问诊。如果你感到身体不适，就可以来问春雨医生。"

二、价值创造

（一）产品开发

面对市场的机遇与挑战，一直以"轻问诊"为主要特色的功能，应转变成一种提供个性化健康信息的咨询服务。基于这个理念，春雨医生团队进行两方面的尝试：一是春雨根据用户的提问推算出用户的习惯和健康需求，为用户指定个性化的健康信息提醒；二是春雨医生除推出 APP 的核心产品外，还推出手机排号、手机病例、药价对比、健康测试、手机支付等附加产品及春雨育儿医生、春雨孕期医生、春雨掌上健康和春雨心镜 APP。

在春雨医生 APP 中，设置空中医院、健康中心、自我诊断、新闻、社区、个人中心六个主要板块，为顾客增加功能体验、情感体验和经济体验，这些顾客体验是企业的战略重点。顾客体验和顾客价值又为企业与消费者互动创造价值起到了推动作用。

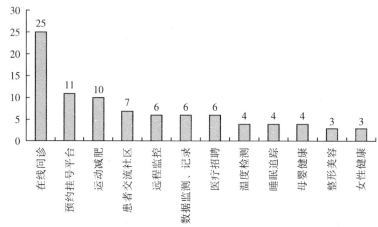

图 7-1　互联网医疗产品细分市场领域分布

资料来源：动脉网。

（二）客户体验

从轻问诊—私人医生—线下诊所，到完成线上健康档案—线上咨询分诊—线下就医的更合理流程，实现医院—医生—病人的精确匹配，能够真正实现医疗资源的合理调配。"轻问诊聚集了大量的用户，春雨医生目前已占据 40% 用户市场规模；私人医生建立了用户与医生的桥梁，而线下诊所可以将线上的服务与线下很好地结合，让用户有更好的体验。"

（三）产品迭代

（1）产品迭代 1.0，春雨心镜。"春雨心镜"采取了社交游戏类产品的采集方式，通过心率反映人体的状态，然后将每个心率所表示的状态归类总结，使得用户更愿意分享状态而不是身体数据。"春雨心镜"培养了人们定期采集身体数据的习惯和兴趣。

（2）产品迭代2.0，空中医院。春雨医生更像是一个覆盖了健康管理到轻度问诊的工具，这次上线的"空中医院"，也是向后端轻问诊甚至线下诊疗的延伸，比如有高频需求的育儿咨询可以选择购买私人医生服务，有更深度需求的患者就可以完成一个线上挑选医生、购买门诊服务、线下就诊的求医闭环。

（3）产品迭代3.0，移动药品零售。为了满足用户购药的强烈需求，以用户为导向的购药功能应运而生，春雨医生联合创始人毕磊表示，移动医疗并不止步于健康咨询，但移动医疗的确是一个非常专业的领域，春雨将基于自身优势继续专注于"轻问诊"服务，而将移动购药业务交给好药师这样专业的药品零售企业。

三、价值传递

（一）品牌传播

春雨医生的核心资产是大量的医生和用户积累，以及平台上所积累和聚集的大数据，这也是投资机构所看重的核心价值所在。依靠数据资产，春雨医生未来的商业变现思路更为广阔，春雨医生还将和药厂、医院、保险机构、养老保健机构等产生紧密的合作关系，将采集到的数据反馈给这些机构，实现大规模的商业变现。数据服务将是春雨医生未来主要的战略方向和变现渠道。因此，未来春雨医生也会全面搭建针对用户的"健康档案"，即每个用户在春雨医生的平台上都有一个自己的私人健康数据包。

（二）渠道分销

对于春雨掌上医生而言，医生是渠道资源的核心。要寻找线下医生合作伙伴，就需要实现资源互补，给合作伙伴带来相应的利益和新的用户。

张锐与他的团队采取了两种方法：一是与国内三甲医院公关逐个签订合作协议；二是直接与医生个体签约，全职或分时段兼职，很多医生有充裕的线下时间，通过春雨医生的平台服务，通过用户的在线咨询，他们能获得较为丰厚的收入。最初，张锐就在心理上准备了每年千万元级的奖励资金，给予医生回报。由于产品尚不收费，这部分钱基本都是春雨医生自掏腰包。

由于每日活跃用户数指标和医生资源的影响，春雨医生开启了"烧钱"之路：一个医疗问题补助给医生 6 元；用户并不需要为提问付费（自由定价除外）；为了维持医生的积极性，春雨医生每年都要给医生补贴；医生自己定价、诊金全归医生等。

上线 5 个月内获得了 180 万次下载量，春雨的用户日活跃量 5 万左右，日问诊量 600 次。初期，春雨医生每天有一定量的免费问诊名额，其余则通过收费的方式满足用户个性化需求。用户每进行一次免费咨询，春雨就会给医生相应的补贴。

（三）盈利模式

（1）会员制增值服务。2014 年 1 月，春雨医生针对有高频率提问需求的用户推出了线上会员服务，用户购买 8 元/月的会员后，可以享受不限次数的免费咨询，同时春雨医生保证会员提问由公立医院二甲主治以上的医生在 20 分钟内进行回复，以及 24 小时随时响应，而非会员用户的提问次数被限制为每 10 天一次。

（2）"空中医院"上线。空中医院除了回答问题，医生还可以根据自己的实际情况选择提供更加立体化的服务内容，比如快捷电话，用户支付 15 元可以发起电话咨询，后台用众包的形式分发给在线医生，保证 90 秒内可以有医生响应，提供给用户一次不限时长的通话。此外，医生还可以给自己的各项服务进行定价，比如一定时间限制的指定通话、以周为周期的私人医生服务，或者提供预约就诊服务，向线下导流量。

春雨医生目前还处于开拓市场的阶段，长远来看，春雨医生必须搭建完善合理的盈利模式，未来的探索：一是私人医生服务。目前私人医生产品主要针对企业用户。未来将药品、医院、医生、患者、保险串联起来，春雨医生可能成为保险公司。二是实现大健康医疗生态系统，全面搭建针对用户的"健康档案"，即每个用户在春雨医生的平台上都有一个自己的私人健康数据包。这样就给予了企业更大的利润空间，实现企业价值。用户和企业之间互惠互利的价值产出使整个商业模式创新过程更具特色。

第八章
e 袋洗：O2O 商业模式

近日，在拉勾网"2015 中国互联网年度雇主评选"活动中，国内首家 O2O 洗衣平台 e 袋洗一举摘得"2015 中国互联网 O2O 领域年度最佳雇主"称号，成为中国互联网 O2O 行业在人才建设、薪资福利、成长空间等方面综合实力名列前茅的企业。本届"2015 中国互联网年度雇主评选"是目前国内互联网领域最具权威性的雇主评选活动，旨在通过推举和褒奖互联网行业中杰出的雇主品牌企业，推动行业的良性发展。本次评选由 30 多家评审机构联合打分，100 多位专业评审把关，综合考量了企业的发展前景、薪资福利、成长空间等指标，同时也吸引互联网用户参与在线投票，并结合人才大数据表现进行综合评估。经过一个多月的层层遴选和综合评审，e 袋洗从众多 O2O 品牌中脱颖而出，顺利当选年度最佳雇主，成为本次评选最具含金量的雇主品牌。

事实上，2015 年下半年，e 袋洗陆续引入腾讯产品总监杨晴、宝洁人力资源总监左佳、宝洁北京研发中心研发总经理马军、Halliburton 大数据科学家宋宽等多名高级人才。截至 2015 年底，陆续有 10 多名海归、博士，近百位的硕士、技术人才加入 e 袋洗，作为一个曾经默默无闻的传统洗衣企业，荣昌 e 袋洗缘何今日星光熠熠，这不禁令很多仍陷于转型困境中的企业家倍感困惑……

一、洗衣起航，由盛至衰思变

（一）弃教从商，转战洗衣蓝海

1990 年，时装逐渐融入平常生活，皮衣皮具成为时尚风向标。但光鲜难掩心酸，毕竟皮衣虽好，奈何不能久穿，因为保养护理还是一片空白。此时的张荣耀刚刚毕业不久，因为表现突出得以留校任教。任职期间的他一直专注于洗染技术的研究与创新，功夫不负有心人，经过团队长期攻坚，终于成功研制开发出皮货翻新乳剂，全面攻克了皮货清洗保养的技术难题。

"一个月 70 多元钱，自己要吃要喝，老家还等着寄钱。"张荣耀回忆，当时给女朋友买了一条十几元钱的项链做礼物，而周围的朋友告诉他，很多女孩都有 1000 多元的项链，他大吃一惊，决定辞职下海，做皮衣清洁生意。1992 年，张荣耀毅然辞去了别人眼中的"铁饭碗"，成立了早期的荣昌洗染——北京奥特轻工技术开发公司，并担任总经理。凭借与团队开发出的领先技术，公司带动起了洗衣业的第一轮皮货洗染风暴，仅西四荣昌皮货洗染店日收皮衣量就达 300 多件。继而在该产品获得国家专利之后，荣昌洗染在京城家喻户晓，在全国洗染行业更是声名鹊起，前来学艺、联营的洗衣企业络绎不绝。

（二）企业突围，手工升级机械

自 1992 年起，"皮衣热"袭来，而中国洗染市场从无到有再到同质化竞争激烈，只经历了短短几年时间。市场的跟进速度远超过张荣耀的想象，竞争对手日益逼近，荣昌需要尽快突围。1996 年，在几番欧洲洗染业考察之后，荣昌与服装清洗王国意大利伊尔萨强强联手。"在合作之初，联想到意大利是皮衣之都，我就给意大利驻华使馆写信、打电话，用笨方法联系到伊尔萨。而笨方法的成果就是，荣昌成为进口伊尔萨设备的首家中国公司。"张荣耀自豪地讲道。从此，他一改洗染业手工清洗皮衣的传统，引进的意大利干洗机也让国内洗染业感受到了现代洗衣技术的气息，荣昌再次走到了行业的前列。

图8-1　张荣耀与意大利伊尔萨签订合作协议

趁热打铁，张荣耀随后又采取了一系列创新举措为传统洗衣注入了新活力。比如率先进驻商厦，打造出国内首家现代化自助取衣系统店，对洗衣行业影响深远。通过再次引入意大利伊尔萨品牌并获取其使用权，荣昌一路高歌猛进。

（三）特许加盟，反遭高盛否定

通过转卖先进洗衣设备和技术，荣昌日进斗金，但偏安北京一隅显然不能够满足张荣耀的壮志雄心。1999年，洗衣行业领军人物张荣耀率先开启了特许经营模式。经过数年的积累和总结，荣昌在经营管理上建立起了一套专业规范的流程体系。在全国范围以意大利ILSA（伊尔萨）时尚洗衣加盟模式作为推广突破口，短短5年荣昌连锁门店实现从15家到300家的飞跃式发展，张荣耀因此被评为"影响中国特许经营杰出五十人"之

蜂巢创业：互联网商业模式

一。耀眼成绩的背后潜藏着机遇也潜伏着风险，互联网这个对于大多数中国人来讲十分新奇的东西在中国逐渐流行开来。张荣耀作为洗衣行业第一个"吃螃蟹"的人，抓住机遇创建了中国洗衣业的专业门户网站——中华洗网。

对张荣耀来说，2000 年 3 月是他离成功最近的时候。凭借在业内的名气和规模，得到了香港高盛集团的关注，后者明确表达了投资意向。当时的荣昌有 110 家加盟，可谓家大业大，张荣耀有十足的把握拿下高盛。但在高盛知晓荣昌的运营模式和架构后，当即预言荣昌重资产模式不可持续。一方面，设备投入巨大，无法集中管控现金流，同时可能面临环境污染等问题；另一方面，荣昌与加盟店是一锤子买卖，未深度参与加盟店日常运作，持续走低的管理费无法为荣昌贡献稳定营收，而荣昌商业模式决定扩大规模必须增收管理费，直接与加盟店产生利益冲突。高盛建议荣昌采取直营店模式，"意气风发"的张荣耀没有同意，谈判在僵持下不欢而散。

接下来在现实面前，张荣耀逐渐意识到了高盛的担忧是正确的。在城市内部，优质的店铺资源日渐稀缺。但在"前店后厂"的形态下，380 伏三相电路、数十吨的载重和上下水系统是一家洗衣连锁店的"标配"。此外，既需要人流量大，又要做到对环境噪声不敏感，怎么看都是痴人说梦。且不论满足如此苛刻条件的店址有多少，一旦有这样的地方，那么资金将是唯一的博弈方式，张荣耀认为，这不是荣昌想要走的路。

从荣昌洗衣总部管控来看，加盟店学有所成，设备到手，便会选择分道扬镳，于荣昌而言，则是数年培育起的人力资源付诸东流；并且任何一家加盟店出现问题，都会使整个荣昌洗衣的品牌受到牵连，张荣耀对此颇感忧虑！

二、曙光乍现，首次转型败北

（一）携手新浪，被动触网失败

2000 年 9 月，新浪正为门户和电商两大发展方向摇摆不定，最终选择荣昌等一批企业试水电商，上线网上洗衣服务。张荣耀对新的销售模式抱有极大期望。然而在与新浪合作中，遭遇了支付和配送这两个在当时无法逾越的障碍。技术和模式的限制，导致服务闭环根本无法形成。第一次触网就这样无疾而终！

但这次合作却让张荣耀明白了一个道理：行业只是载体，荣昌洗衣真正的价值并不是干洗机和洗衣技术，而是荣昌的用户和数据。十几年前，一个非常传统行业里，张荣耀在公司内部很难找到可以商量和实施的人。

（二）问道中欧，“一带四”破局遇阻

“此时的荣昌像一个癌症患者，既清楚自身病根所在，又无药可救”，张荣耀如是形容当时荣昌的尴尬处境。经营困境令张荣耀心力交瘁，为自救，2002 年张荣耀进入中欧商学院进修。在张荣耀的记忆中，这是一段苦闷的日子，当时身边同学飞黄腾达，只有他在独自坚守拉近与用户的距离，与 20 世纪 90 年代风光状态完全不同，整个过程极其漫长痛苦，但他也强烈地感受到黎明似乎将近！

山重水复疑无路，柳暗花明又一村，经过两年的学习，张荣耀终于找到了一个他认为适合荣昌的全新商业模式——“一带四+联网卡”模式，这套模式灵感来自于此前与新浪的合作。荣昌曾在新浪头条试水出售面值 500 元打折卡（5 折），原计划 1 个月销售 1 万张，结果仅用 23 天就售罄。受此启发张荣耀决定推行“一带四+联网卡”模式，即一家配备洗衣设备的门店辐射四家收衣店。只有一家店配备洗衣设备，完成洗涤，而剩下四

家收衣店覆盖至少四个社区，负责收揽衣服，而联网卡可以通过线上、线下、电信等途径购买。

这次转型确立了荣昌由客户到用户的变革方向，相比加盟模式通过加盟店服务用户的局限性，"一带四+联网卡"具有天然优势。对荣昌而言，不仅摆脱了对重资产的依赖，实现了现金流集中，而且有效规避了品牌商担责、加盟店收益的风险。对用户而言，不再担心加盟店跑路、投诉无门等乱象。至此，荣昌的工作重心转向三件事：提升用户满意度、监测加盟店洗衣质量和实现员工价值。"一带四+联网卡"使荣昌成为早期O2O模式的探索者。

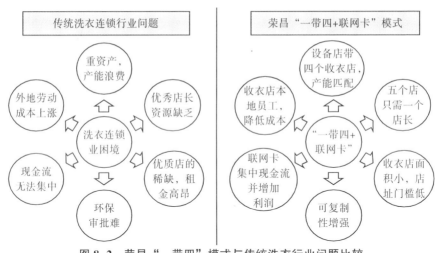

图 8-2　荣昌"一带四"模式与传统洗衣行业问题比较

这次转型并非一帆风顺，张荣耀主张设计联网卡的初衷是降低加盟店在经营管理过程中的一些潜在危机，但这仍无法避免加盟店卷走储值卡带来的品牌担责风险。同时，在整个转型过程中，出于对团队的感情和公司利益的考虑，张荣耀忽视了股东团队的调整，这让他在日后的经营中付出了惨痛代价，成为困扰企业转型的一大魔咒，也为转型埋下了失败的种子。据后期张荣耀自己总结说，此次转型，荣昌充其量只完成了 30%~40%。

三、屡败屡战，心口动刀显魄力

（一）决心转型 O2O，觅良将推改革

2013 年，多家互联网 O2O 公司找到荣昌洗衣，试图说服张荣耀把荣昌旗下的传统生活服务业整合进他们的平台，对此，坐拥上千家终端的张荣耀并不买账。"走到哪里都牛哄哄的，别人一家两家被收进来，我一两千家终端凭什么跟你玩。"张荣耀心里暗想。

也就是在这一年，45 岁的张荣耀做出了一个堪称壮士断腕的决策——全面转型 O2O。为此他将荣昌洗衣旗下近两千家洗衣店逐步出售给加盟商。这在其他人眼里，哪里是革命，这是革自己的命啊！

图 8-3　e 袋洗的界面

张荣耀认为，谁能真正整合线下资源，谁就能成为这场卡位战的赢家。他坚信，传统企业才是这波浪潮的真正主导，而他手中具有 23 年历史的荣昌，有机会成为浪尖上最炫目的公司——前提是，老公司能引入新

鲜血液，完成互联网思维的彻底改造。"很多人说传统企业没有互联网思维，那么对我来说，既然决心要做一件颠覆洗衣行业的事儿，首先需要被颠覆的应该是我自己。"张荣耀谈道。

2013年11月28日，感恩节当天e袋洗正式借助微信平台上线。产品有了，需要一个好的操盘手，"现在'80后'、'90后'越来越成为社会的主流群体，而我的观念，多少还停留在过去那个时代"，如何解决这个问题呢？张荣耀觉得只能靠引进。可谁也没想到，来的竟然是一位"85后"年轻人——陆文勇。张荣耀看中了这个供职于百度O2O部门、时年26岁的年轻人，两人第一次见面就聊了7小时，随后，陆文勇便出任e袋洗CEO。张荣耀对他提出的唯一要求就是"用e袋洗把洗衣服这件事情彻底互联网化"。

后来陆文勇在接受采访时说："2013年我们认为移动互联网风口来临，当时决定出来创业，发现家庭服务在未来可以成为大众产品甚至平台，而洗衣行业毛利很高，服务体系和价格体系几十年未变，于是与荣昌董事长张荣耀一起做e袋洗。"短短一席话道出了这个年轻人的深思熟虑，也体现了一种洒脱。

图8-4　e袋洗CEO陆文勇

对于张荣耀，陆文勇也有一段评价："张总最狠之处在于他带领荣昌完全转型，而不像其他公司成立电商或O2O部门。他勇于抛弃过去的资产，老业务为新业务输血，全力发展e袋洗。2013年12月我加入荣昌，老团队放权，整个荣昌由我负责。一开始的阻力可以想象，老臣觉得突然被换掉而且跟一个'小屁孩'干，心里极度不爽，这时需要创始人有足够魄力和团队理解。"

同时，早期股东也对团队重组持怀疑态度，他们认为拿掉老公司后并入新公司、由线下完全转入线上的转型方式较为激进，坚持公司不要一次性转向线上。张荣耀扶上马送一程后，组织调整内部阻力变小，加上原有团队包容性强，他们也意识到只有转型公司才有重生的机会，新团队、新业务很快便步入正轨。

陆文勇带来的互联网团队无疑为荣昌e袋洗互联网转型铺平了道路，那这个年轻人又将怎样"玩转"传统洗衣行业呢？

（二）贴近用户，新玩法互动强

图8-5　流程

（三）寻求投资，深化转型获认可

2014年7月，e袋洗获得来自腾讯的2000万元天使轮融资；11月，e

袋洗获得来自 Matrix 经纬和 SIG 共 2000 万美元 A 轮投资；2015 年 8 月 5 日，e 袋洗宣布已完成 1 亿美元的 B 轮融资。面对百度和腾讯，e 袋洗最终选择了百度。陆文勇表示，百度目前比较缺少家政服务方面的 O2O 资源，而 e 袋洗尤为看重百度提供的地图和丰富流量资源的优势。此轮百度入股 e 袋洗后，在百度所擅长的搜索、地图、分发领域，双方进行深度合作。至此，两轮融资告一段落，其中艰辛少人知晓。

找到一家愿意对荣昌洗衣进行互联网估值的投资机构并非易事。三年前，荣昌洗衣开始与投资方接触，其中包括红杉中国等一批知名基金。当时正值洗衣连锁模式转型期间，按张荣耀的说法，荣昌洗衣正在付出高昂的代价。例如，砍掉重资产连锁店，这使得来自设备销售的营收大幅度缩水。不可否认，展现在红杉等风投面前的，只是一份"非常难看"的传统洗衣公司财务报表。

而张荣耀今天津津乐道的 O2O 业务架构，在彼时尚不清晰。总经理助理郭兴伟表示："当时的荣昌互联网业务只停留在 Web 端，简单地把洗涤的服务集成到联网卡中兜售，业务的丰富程度和系统性远不及当下。"

第一轮接触荣昌的风投公司得出的普遍结论是，荣昌洗衣仍旧是一家传统的洗衣连锁公司，而此模式下做出的估值，自我认知甚高的张荣耀自然不愿接受。

"说白了就是张总觉得卖便宜了，然而投资人还觉得这钱花得贵，对荣昌商业模式发展前景的认可和预期还没有达到投资人心理的预期。"郭兴伟表示。这样的分歧下，数场有可能达成的融资最后都化为泡影。

在不懈的努力下，荣昌具备了一些互联网因素：旗下三个品牌在微信建立了官方服务账号，可实现预约、预订、购买、查询等服务，400 呼叫中心也已经成立，下单后可享受上门服务。第一步试点之后，荣昌接下来会密集推出试点区域和业务。例如，在北京 CBD 区域推出"洗衣袋"服务，即通过预约形式，为家庭配备洗衣袋，每袋收取固定费用，不限量，而且上门取送。

张荣耀也仍在继续寻觅合适的风投。荣昌引入融资，旨在通过财务模型证明其 O2O 商业模式，助力荣昌洗衣向北京之外的城市扩张。"资金不是最重要的，荣昌的现金流不错，"张荣耀说，他希望利用风投注资叠加的品牌效应和上市展望，吸引各地 O2O 的合作者加入荣昌，"现金不是最有价值的，商业模式才是，在上市前我靠品牌和信息化占 60% 的股份，不会动你一分钱现金流，上市后共享回报。"B 轮融资后，e 袋洗将继续夯实物流基础，把原有的下单后 72 小时上门服务缩减到 48 小时。除此之外，e 袋洗将继续扩展到包括北京、上海、天津等一线城市在内的 100 个城市，在扩张地域的基础上完善自身配套措施。目前，e 袋洗除洗衣业务外，已经上线洗鞋、洗窗帘和奢侈品养护服务。

图 8-6　融资

张荣耀说："钱多，足够的钱，使得竞争对手不敢跟你'烧钱'，我觉得这样这个行业才会良性发展，不然的话双方一直都是你拿 2000 万元，我拿 2000 万元互相之间耗，这不是正常的发展轨迹。但现在因为互联网比较热，颠覆的浪潮很快，所以我们现在也被卷入战争。目前 e 袋洗这笔融资是竞争对手肯定融不到的，他连 1/3 都不一定拿得到。所以我们并不担心在洗衣 O2O 上面的竞争。洗衣 O2O，我相信全国所有的团队都赶不上我们，因为我们从资金、经验、人才厚度，从商业模式都比他们要好一点，所以说洗衣 O2O 的战争今年就可以结束了。当然他们还会活下来，或者是今年底继续做，我们还要面对这样残酷的竞争。但我觉得长期来看应该没问题。"①

（四）研制"核武器"，众包解决物流难题

"事实上 e 袋洗的众包、外包模式是被逼出来的。2015 年 2 月，有一个物业跟我们说今后不让 e 袋洗配送进小区，甚至打出免费的旗号。2015 年 4 月，日订单过千，忙得不可开交。还没来得及高兴，我从京东、顺风挖来的人又被它们挖回去，本来就取送不过来，他们又这样，真的是内外交困。幸亏过了两个月就是淡季了，否则那个时候就完了，做生意的感谢淡季，除了我没别人了。后来我想，拿物业没辙，但物业怕业主，我们可以从业主身上想办法，我们就让业主取送衣服（小 e 管家），这就是我们众包模式的雏形。另外，我们的众包一定是基于服务，不是基于商品的，所以我不跟京东的配送去竞争，没有特别的诉求我不干这个。"张荣耀说。

所谓"众包"，在 CEO 陆文勇看来，即以社区为单位进行线下物流团队建设。具体做法是，e 袋洗在社区中招募 1 名物流取送人员，以其生活区域为中心，负责方圆 2 平方公里内的衣物取送工作。陆文勇认为选择社区内人员，不仅可以提高物流取送速度，同时有利于增强用户对取送人员入户的信任感，提高服务的亲切感。"社区大妈对街坊邻居很熟悉，只要家里有 3~4 平方米的地方收集衣服就可以，而且容易加强和用户之间的联

---

① http://tech.163.com/13/0929/10/99UE3ATR000915BF.html.

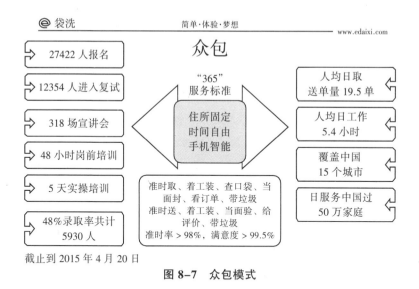

图 8-7　众包模式

系。"从这一维度考虑，e袋洗的实际店面便从两三百家发展到两三千家，"甚至每个社区都有一家属于e袋洗的店，只是这些店是在大妈的家里"。陆文勇笑言，这既充分利用起社区中的剩余劳动力，更解决了物流"最后100米"的问题，颠覆了现有的物流模式。同时，值得注意的是，接单洗衣的门店已经不仅仅局限于过去荣昌洗染所属的门店或厂区。"这意味着荣昌洗染曾经的竞争对手逐渐变成了合作伙伴。"陆文勇说。当前e袋洗主要选择洗衣行业顶尖企业的前20%合作，包括伊尔萨、福莱特等。"我们要做一个互联网公司，而不是自营公司。"

四、提升质量，筑巢引来凤凰栖

（一）遭遇吐槽，线下问题线上爆发

1. 服务质量问题

2015年4月，正逢换季，送洗衣物的市场需求大大增加。"e袋洗"希望直击市场痛点，用廉价便捷的洗衣服务争夺市场。但微博、朋友圈等社

图 8-8　小 e 管家

交平台上频繁出现吐槽，《解放日报》甚至评论说："e 袋洗商业模式在服务质量管控上留有众多漏洞。"客户的吐槽主题也非常集中——不是"衣服没洗干净"，就是"衣服洗坏了"；其余则是围绕这两个问题维权而产生的新问题。

用过三次 e 袋洗的某消费者抱怨 e 袋洗的服务质量不稳定："第一次洗得很理想，又快又好；第二次洗，一件羽绒服没洗干净，客服态度不错，免费重洗，解决了问题；第三次洗，老公的衬衫被洗得变形，客服却说衣服本来如此，无法解决。"为此，她决定再也不用 e 袋洗了："洗衣服还是有技术含量的，不同材质不同洗法，洗坏了一场空，所以价格再便宜也不用了。"

e 袋洗通过去门店化方式，把洗衣业务搬到工厂进行集约化生产，虽然较大程度上降低了成本，实现了价格优惠，但拉长物流链后，售后服务方面也增加了难度；同时洗衣需要一定技术含量，而 e 袋洗并没有体现这点。

2. 合作商与反馈机制问题

对于各种吐槽，一些消费者开始质疑：e 袋洗屡屡出现洗衣质量问题，是否跟第三方洗衣工厂合作把关不严有关？同时，反馈机制不畅通也令一些消费者对 e 袋洗表示不满。其中部分消费者反映，在洗衣过程中遇到问题后去联系e袋洗，其客服电话一般很难拨通，即使拨通了电话其客服人员也经常出现一问三不知的状况，相关问题因此难以得到及时有效的反馈和解决。

（二）应对吐槽，战略联盟提质量

1. 积极的媒体公关

面对爆发式的吐槽，陆文勇开始进行媒体公关。他认为传统洗衣行业本身就是投诉率较高的行业，尤其在旺季，投诉会明显增多，所以目前出现的投诉现象多是传统洗衣店原本就存在的问题，再加上e袋洗是线上服务产品，投诉往往会在网上被放大，更容易形成较大影响。陆文勇无奈地说道："从目前洗染行业的统计数据来看，整个行业的洗衣投诉率是5‰，而e袋洗现在已经降到了1‰，比行业的平均水平低很多。"同时他解释道："对e袋洗而言，需要对洗衣服务的各个环节负责，尽管我们不清洗衣物，但却要承担起线下门店出现问题的责任。"

相关分析人士也指出："洗衣O2O企业在经营过程中出现的各种服务问题，并不是这一模式本身的问题，而是由于这一行业才刚刚起步，在自身服务流程的设置上还不是很完善，实际上是一种新公司在经营上遇到的常态化问题。"

2. 联手平安解决用户后顾之忧

为解决加盟商质量管控问题，确保洗衣品质，e袋洗只在一线洗衣品牌中进行筛选合作，并为合作商制定了严格的质量把控标准。"未来我们还会进一步提高洗衣店的合作准入门槛，加强对洗衣店加工环节的管理和监控，随时淘汰加工质量不合格的合作者。"陆文勇称。

2015年10月，为确保用户洗得爽，e袋洗与评选出的全国60家优质洗衣服务商进行签约，使其成为e袋洗的独家洗衣服务商。同时，为了解除用户后顾之忧，与平安财险进行合作，率先推出先行赔付机制。为了向

图8-9　e袋洗共创共享

"工匠精神"致敬，特别邀请了国家级的服饰养护技术大师分享经验，并宣布计划成立e袋洗服饰养护技术研究中心。作为传统行业的颠覆者，e袋洗在紧抓商机扩大版图的同时，不忘尽心尽力打造极致用户体验，甚至为此每年投入近10亿元。此次合作，与全国最优质服务商签约，保障产品服务质量；与平安财险合作，强化完善售后解决措施，为保障用户权益提供了"双保险"；与服饰养护技术大师合作，重视优秀技艺传承，柔性提高加工商洗衣水平。

图8-10　e袋洗与优质洗衣服务商签约

（三）全面提升，打造精英服务团队

2016年3月，多家媒体又将镜头对准了e袋洗，报道称e袋洗从宝洁引进一名研发高管——宝洁北京研发中心研发总经理马军，全面负责洗涤及相关衍生日化用品领域的创新。

回顾以往，这是 e 袋洗第四次高管引进动作。此前，滴滴 CFO 徐涛、腾讯产品总监杨晴、宝洁人力资源前总监左佳已分别就任 e 袋洗 VP（Vice President）。陆文勇给出的解释是："e 袋洗一向视人才为企业最宝贵的财富，并以人才建设为重中之重。近期，我们频繁从国内的知名企业甚至世界 500 强企业中引进人才，旨在以高级人才带动团队、技术、服务理念的优化升级，将洗衣服这件事做到极致。"

事实上，在人才建设方面，e 袋洗确实在持续发力。在连续引进多名 VP 级高管的同时，e 袋洗还陆续引进了 10 多名博士、海归，以及近百位硕士人才开发信息系统，拟利用大数据技术助力洗衣行业服务品质的升级。其中，包括最新引进的数据分析部门负责人、数据科学家宋宽。宋宽为美国俄亥俄州立大学硕士、马里兰大学博士，是地理数据定量分析专家，曾在马里兰大学任教并在全球 500 强公司 Halliburton 担任高管。入职 e 袋洗之后，宋宽将带领大数据分析团队，针对 e 袋洗搭建全国市场、物流及业绩数据的挖掘和分析系统，以大数据研究成果指导市场决策、管理用户服务，助力 e 袋洗整体服务品质的优化升级。

通过引进各种高端人才带来专业的产品和技术经验，延续"互联网产品思维"，结合大数据服务的优势，e 袋洗将以独具竞争优势的人才团队和先进的服务模式，将打造极致服务体验的口号落实到行动中去。

五、共享经济，小 e 更可期

（一）小 e 管家，试水家政服务平台

"从某些方面而言，我们跟谷歌是一致的。"e 袋洗讲出这样的话在很多人看来是可笑的。有人甚至嘲讽说道："明明土里土气，接触了一下时

尚后，就敢把自己当成时尚大咖了？"对于这种不留情面的嘲讽，e 袋洗是这样回应的："谷歌为了重组，成立了母公司 Alphabet，谷歌退化成为 Alphabet 旗下的子公司。我们 e 袋洗成立了小 e 管家平台，而 e 袋洗则退化为小 e 管家平台下的一个子项目，有啥不一样的？" CEO 陆文勇表示："e 袋洗的重组已经正式开始，目标是打造邻里互助共享服务综合平台。"张荣耀也显示出了他的野心："我们不光提供洗衣，将来我们还要提供包括小 e 管饭、小 e 管遛（宠物）、小 e 管修、小 e 管玩、小 e 管送等日常生活服务，我们要做洗衣行业的 Uber。"张荣耀推出小 e 管家母品牌的商业逻辑，在于他深刻洞察了中国社区和家庭用户的需求和服务供给不足、质量参差不齐的现状。从 e 袋洗到小 e 管家，是从垂直生活服务平台到社区生活共享服务平台的转变。张荣耀表示："一直以用户满意度和属地化就业为导向的 e 袋洗，从社区共享型的洗衣垂直服务平台，扩张到综合生活服务平台完全是顺势而为。"

（二）扩展遇阻，小 e 管饭遭管制

2015 年 12 月 1 日，e 袋洗产品——小 e 管饭发布会在北京举行，在灰蒙蒙的雾霾天里并没有影响大家参与这次发布会的热情。在打造邻里互助共享服务综合平台过程中，e 袋洗推出了小 e 管饭并将其作为核心业务，作为在传统服务行业打拼多年的大咖，张荣耀明白："洗衣是用户的高频刚需，吃饭更是如此。你或许见过邋遢不洗衣服的，但是你见过可以不用吃饭的吗？"会上，张荣耀表现出了他对小 e 管饭的信心。

他表示："小 e 管饭将不仅仅是私厨共享，我们的目标是建立社区人与人之间的关系与情感。"他甚至开玩笑地说道："通过小 e 的产品可以给邻里一个认识的机会，想想你隔壁一栋楼的可能是一位美女私厨，或者是一个帅哥私厨，用户之间可能建立起一些奇妙的关系，这将会是非

图 8-11　小 e 管饭

常有趣的。"然而理想丰满现实骨感，2016年3月，作为e袋洗新产品的小e管饭，宣布暂停运营。张荣耀对此表现平静，他说道："我们这样的举措，正是e袋洗大局观的体现。"董事长助理孙雪峰也表示："政策的不利条件是小e管饭暂停的主要原因，我们也尝试跟食品药监局沟通，但无奈政策限制，只好停止小e管饭业务。"从经营层面出发，CEO陆文勇也说道："私厨共享发展遇到政策瓶颈，e袋洗暂停运营小e管饭，事实上是对e袋洗在线洗衣业务的重大利好，将推动e袋洗邻里共享经济的加速发展。"陆文勇这样的言论并不是无的放矢，暂停小e管饭业务后，原属于小e管饭业务的服务人员都被分散分配到了核心业务和其他拓展业务中，增强了核心业务和拓展业务的竞争力，在政策支持范围内，加强了e袋洗共享经济的发展。

（三）打造平台，未来小 e 更可期

通过拓展业务，形成以洗衣为核心，辅以"管娃"、"管宠"、"管修""管护"等多条业务线，张荣耀成功打造出了e袋洗的家政平台。虽然由于政策的因素，被寄予厚望的小e管饭最终没能走进人们的生活。然而在互联网迅速发展的2015年，借着李克强总理提出"大众创业、万众创新"，e袋洗成绩不菲，这足以让这个昔日被人嘲笑的大咖扬眉吐气、挺直腰板了。

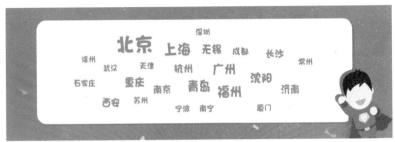

图 8-12　拓展业务

截至 2015 年底，e 袋洗已经开通 29 个直营城市，用户数 900 万+，平台已注册小 e 管家超过 5 万人，日订单量 10 万+，估值超过 10 亿美元。"我们坚定拥护政府出台的政策，政策不让做的我们坚决不做，但政策倡导的，再大困难也要做！"这是张荣耀的决心。虽然小 e 管饭的夭折，让张荣耀觉得可惜，但张荣耀更看到了双创经济、共享经济的出现给 O2O 行业带来的巨大机遇。有了政策的扶植，借助共享经济的风口，张荣耀和他的团队强势推出三四线城市战略计划，开启众创平台，计划 2016 年，覆盖中国绝大多数城市，让更多用户能够体验 e 袋洗的品质洗衣服务，引领居家生活服务方式，推动行业升级。虽然业务开展范围广阔，但是张荣耀坚持现阶段还是以管洗为核心自营业务，增加用户量和用户黏性。但张荣耀心里也有"一把火"，他希望通过众创共享基金，投资孵化 30 个社区生活服务团队，和伙伴们共同创造一个个性化、多样化、自由化的共享经济生态圈，成为中国乃至全球领先的邻里综合生活服务平台。

此外，张荣耀领导下的 e 袋洗成立专注共享经济的种子基金 Share VC，主要投资于做共享经济、基于社区服务的 C2C、O2O 公司，目前已投资包括宠物帮、陪爸妈在内的 10 家平台。之所以成立这样一个基金，是因为张荣耀和陆文勇预测，O2O 倒闭潮逐渐显现，烧钱的模式难以避免。"尽管面对这样的现状，但这不是我们现在需要考虑的重点，我们现在要

图 8-13　战略升级

考虑的是如何快速地扩张到更多城市去，抢占用户。"这是张荣耀告诉自己以及灌输给他的创业团队的思想。而有了共享基金的支持，张荣耀相信 e 袋洗在淘汰率居高不下的生活 O2O 行业，必定能够走得越来越稳健。

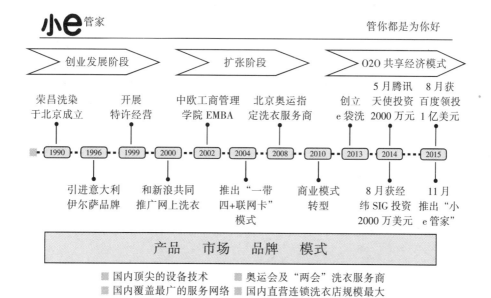

图 8-14　规划

第九章
红领制衣：C2M 商业模式

随着互联网时代的到来，消费者不再满足于单一的同质化产品，而是追求更加个性化的定制产品；然而个性化定制产品很难克服大规模和低成本生产的天然矛盾，尤其是在极具个性色彩的服装行业。成立于 1995 年的红领集团，通过 10 多年艰难的转型变革，成功构筑了 C2M 这一新兴商业模式，使生产工厂直接面对消费者，彻底消除中间环节，借助网络平台化运营交互手段和价值交互的方法论，彻底颠覆不合时宜的陈旧商业规则，完全实现了服装的大规模定制化生产。本案例以时间线和事件线为主要顺序，从张代理及其团队的决策视角，聚焦于 C2M 模式的变革过程，探讨了红领制衣商业模式演变的关键要素与内在演化关系。

2014 年 5 月 11 日，中央电视台新闻联播节目以"工业新亮点，传统制造业走向数据智能化"的标题报道了一家位于山东青岛的民营服装生产企业——红领集团。服装生产是一个从设计、价格、渠道等各方面都竞争异常激烈的行业，这家企业可以做到从不拖欠薪资，从不要求员工加班；不是销售出去寻找客户，而是客户带着订单主动上门；生产车间的每一件成衣从颜色、款式到面料完全不同，但制造的每一步却是标准化、流程化的批量生产；2014 年 1~4 月，短短一个季度，生产、销售、利润等各方面指标都同比增长了 150%以上……这家创立于 1995 年，拥有总资产 12 亿元，服装板块年实现销售收入 10 多亿元，有超过 5000 名在各自领域专长的员工西服制造企业的经营奥秘是什么呢？它是怎样创造出这些惊人的数字的呢？

红领的成功源于其模式的创新，青岛红领集团摒弃传统思维，用大数据启动，用智能化支撑，以互联网为路径，建立红领数字化大工业 3D 打印模式，颠覆性的 C2M 模式推动了新的生产方式革新，引导了互联网工业的融合定制变革。

一、萌生定制想法

（一）木匠也能做衣裳

山东人张代理身材不高，却很结实。和很多第一代制造业企业家一样，他身上也有年轻时从事体力劳动的痕迹。年轻时，张代理是个手艺不错的木匠，为过上好日子不再吃玉米面饼子，1981 年他循着 300 多年前祖辈的痕迹闯了关东，到了东北密山县一家农场给人做家具，顿顿有馒头吃，天天像是在胶东老家过新年。后来，由于政府贯彻改革开放、对内搞活的方针，大力发展服装消费品市场，服装工业成为国内消费品市场三大支柱产业之一，消费者久受压抑的消费需求得到了极大的释放，服装市场生意红火。山东青岛即墨也兴起批发市场，让成衣制造生意红火，张代理就在这波浪潮中回乡了。1986 年，他创立莱西佳丽服装厂，靠翻版港台成衣样品生产夹克。之后随着外资的涌入，服装工业中的三资企业开始得到发展，1988 年，张代理和台商合资成立青岛西思达制衣有限公司，洋气的西思达其实就是"一个莱西人想要做成的事"，合资公司的国际化视野让张代理"脑洞大开"。

（二）红领诞生，贴牌代工

乘着改革开放的东风，张代理在服装市场摸爬滚打了好些年后，逐渐积累了些服装营销的经验。1995 年，张代理兄弟二人创立红领企业。彼时经过十几年改革开放，全国经济高速发展，社会生产力提高，服装产业从传统的手工制作发展成为流水线加工的工业化大生产，大大提高了服装的生产效率，缩短了生产周期，能够满足日益扩大的服装市场需求，服装市场呈现出巨大的发展空间。服装市场的需求日益扩大的同时也出现了品牌热。中国人选购服装的标准从过去的"实用、经济、美观"转变为"美观、实用、经济"。讲究造型、款式，注重商标名牌已成为我国城市消费选购服装时最普遍的心理。1995 年，红领企业及品牌创立，成立之初的红领集团走的是品牌成衣制造的路径，依靠批量生产、贴牌代工、商场销售的传统模式，是一家以生产经营中高端服装、服饰系列产品为主的大型服装企业集团。1995 年 11 月，第一批红领西服隆重上市，与此同时红领西服的产品特色与定位基本确立，并确立独具特色的品牌经营思路。1998 年，以红领制衣有限公司为核心创立了红领企业集团，并从国外引进先进的流水生产线，不断规范管理，红领发展成为国内大型的高端西装生产基地。

（三）OEM 利润下降，决心变革

红领集团从成立之初开始，规模一步步扩大，也取得了很多可喜的成绩。红领成立之初也是中国制造经历的繁荣期，这个繁荣期主要来源于人口的红利、政策的红利，甚至以破坏环境为代价的环境的红利。当这个红利在慢慢消退的时候，随之而来的是劳动力等要素成本越来越高，商场等流通环节占用的费用越来越多，OEM 的利润越来越少，企业的盈利空间不断被挤压，传统 OEM 路径的成本优势实际上也在逐渐消退。尽管大规模生产服装仍然是服装制造企业的主要生产方式，但服装的用户需求的变化

需要企业提供更快捷、更方便的个性化服务。张代理意识到，"低成本、低价格不是制造业的方向，传统发展方式终将难以为继。企业有利润才会有创新动力和资源，才能实现持续发展"。

张代理开始寻求变革，此时张代理想起自己早期在欧洲和日本参观的经历。在欧洲参观了两家定制企业之后，他就开始研究，结果是：定制做得很好，可"实现的方法和流程有问题。其多年延续靠人搬、人抬、人做的做法，准确度不够，也做不大"，他觉得自己可以做得更好。后来到一家日本服装定制企业的参观，让他眼界大开的是"用激光裁床裁（布料），抓片儿（注：裁剪后的布片）直接到裁床去抓"。参观之后他有两个收获：第一是定制的概念，第二是全部用电脑 CAD 下单。他通过此次参观找到了定制生产的方法：用电脑，走信息化之路。张代理说："人要读万卷书，行万里路，读万卷书和行万里路实际是一个东西。"财富可以支撑他行万里路，去见识普通人无法见识的东西。通过参观学习，张代理的结论是：一定要走定制、差异化之路，不能大批量这么做。恰在此时，机会来了。

2000 年，张代理兄弟分家，红领也一分为二。兄弟二人共用一个红领品牌：弟弟做销售，哥哥张代理做生产，只能做团购和定制，不能做品牌零售。"当时就那么傻，光做团购有时候没活干，这怎么办？"为了活下去，张代理开设了两家定制店铺，一家位于青岛市福州路，另一家在济南大明湖正门，前身是一个倒闭的咖啡厅。没想到生意出奇地火爆，好到什么程度？过年的时候，两个店铺一天最多可以做 80 套定制衣服。大明湖店一共三间店面，有时店面的一头因为质量问题吵架，但店面的另一头生意丝毫不受影响，新顾客依然排着队做衣服。这让张代理觉得定制是有市场的。红领定制起步之初较为初级。顾客选择面料后，店面人员会问仓库有没有面料，在这一点上会经常出问题。比如仓库有 60 米的面料，只能做 20 件衣服。但仓库管理员只看到仓库中有这 60 米布料，即使第 50 个订单店面人员来询问布料时，他的回答也都是有，而实际上已经远远不够。为此，张代理不得不经常"爽约"于顾客。于是张代理找到一个做软件的朋友，解决这个问题。

（四）十字路口，坚定初衷

2002 年底，弟弟去做房地产生意，他又把红领零售业务收购过来，集生产销售于一体。这让张代理又站到了十字路口：做 OEM 加工，做零售，还是继续坚持定制之路？OEM 加工命运握在人家手里，价格就在吃饭和亏盈之间。做零售、做职业装有时要过五关斩六将，求人、处理关系，有任何环节做不到位就"拜拜"了。"我是个送礼都脸红的人，求人不行，做坏事不会，总得有行的事儿吧！我认为红领做这个事儿除前期我的治理，就是内心有口气。我一定要向市场要效益，走出自己的一条路来。"

"我见得比较多，20 世纪 80 年代就经常在国外跑了。悟性、嗅觉也都比较好。"张代理说，"我认为个性化需求在互联网时代一定压倒一切，如果实现大规模个性化定制就能赢得未来，它会颠覆整个制造业。这条路很艰辛，但前景非常美好。"

至此，红领开始探索一种全新的模式，让企业与消费者无隙贴近。

二、定制化转型，C2M 模式起航

（一）从零开始，瓶颈突破

2003 年，当成衣销售依然态势喜人的时候，红领集团已经开始研究定制化转型。同年，红领开始 RCMTM（Red Collar Made to Measure，红领西服个性化定制）平台搭建，初衷即用工业化效率制造个性化产品，张代理没有觉得这是一个无法完成的任务。他在内部开会的口头禅是：卫星都上天了，人都上月球了，这一点事儿还解决不了？他的认识是：人能够想到的事儿，软件都能够解决。

图 9-1　红领定制的理念

从零开始建一个从不存在的东西，实际操作过程中，对红领来说到处都是瓶颈。第一个瓶颈，当时互联网并不发达，红领缺乏电脑人才，很多员工甚至不会用电脑，大家只能从头学起，第一个学习科目就是开关电脑：怎么插电，接电，怎么开电脑，怎么关电脑。第二个瓶颈，找到标准的量体方法，采集身体数据，这是入口。如果说这件事有多困难，外行人听上去会觉得有点荒谬：街边的裁缝们不都天天在量吗？不过，传统量体方法需要量体师傅有长时间经验积累，经验是不可复制的，且一般量 10 年衣服的老师傅也会量错。对工厂来说，找到数量众多、经验丰富的量体师傅难度非常大，且每个师傅量出不同标准的数据不能用于标准化的工厂生产。为解决这个问题，张代理特意聘请了一个有 40 多年量体经验的老师傅。但两个月过去了，没教出一个会量体的学生。张代理不得不找他谈话："老师啊，你能不能创造一种简单标准化的方法？"老师的回答是："我这个方法，就是方法了，再没有其他方法了。""哎哟，很气人。"张代理说。无奈之下的张代理坐在公司咖啡厅里思考，有这么难吗？他让餐厅服务员找来一张纸和一支笔。他首先画了一个人，他觉得量体方法首先要简单，能够让很多人快速学会，否则规模不会做大。然后他在人身上找坐标：肩端点、肩颈点、颈肩端、中腰扎上一条水平线，弄条松紧带扎一个中腰水平线，这就形成了三点一线的"坐标量体法"，方法的诞生不到半个小时。张代理说这种量体法的核心是追求平衡，需时 5 分钟，量 19 个部位。

量体突破之后，服装制版又成了瓶颈。人工打版速度慢，一个老打版师傅每天最多打 5 个版，而且老打版师傅的月薪超过 1 万元。以每天生产 2600 套西装来算，起码需要 520 个熟练的打版师。不要说数量，如此庞大的熟练打版师难以找到，就是找到了企业也雇不起。"只有信息化才能解决个性化智能制版问题。"张代理心中暗暗想。此时红领存储的大批量客户数据派上了用场，囊括了版型、款式、工艺和设计数据的庞大数据库为智能制版提供了丰富而严密的"思维逻辑"，经过反复的实验摸索，智能裁剪系统逐渐成型。

制版问题解决之后，拆解成衣又成了障碍。定制非常复杂，但拆解到每道工序必须非常简单，这样车间的流水线才能有效地运行。企业根据积累的海量数据，同时在系统中慢慢根据数据研究拆解规则，不断尝试各种运算法则，最终迈过了智能化生产的最后关卡。

（二）无人理解，顽强硬推

从开创新的量体方式，到建立 RCMTM 平台和推动新的生产方式，变革过程中的艰难不只是研究怎样做，更难的是让员工按照新方法做。"很多人都和我对着干，不和我对着干的人很少。"连自己的女儿都劝他不要搞这个研究。有次在红领办公楼二楼的会议室，好几百人，张代理站在台上真诚地跟大家讲为什么要做定制，定制会怎么样，会如何改变企业，会有好的未来。整整讲了一下午。散会后他上了一趟卫生间，落在后面了，经理们在前面走。他就听到东北分公司一个经理说："原来都说董事长有神经病，我不信，听他讲了一下午，发现真是神经病。"甚至有一些员工直接给张代理发短信："再那么折腾我就不干了！"事实上，不少员工正是因张代理坚持变革而离职的。"变革充满疼痛、艰难、汗水、泪水，还有无奈，这都是我的心里话。"张代理一点办法也没有的时候，甚至抱着头撞墙。可"我这个人很要样儿，你不执行我甚至会骂你"。为建设这个平台，早已是亿万富翁、吃喝不愁的张代理在工厂里一住就是十几年，每年最多三十晚上和大年初一上午休息，其他时间都在工作。他和所有工人一样，在车间里有个固定工位，每天都在工位上做研究。想到什么新点子，就拿块小黑板跟班组长讲，一遍一遍地讲。

平心而论，对员工而言，这也确实是个折磨人的过程。这不是一个逐个环节解决问题的过程，量体、版型、工艺、裁剪和流水线问题都在同步解决中。有可能后边工艺问题解决了，前面大数据系统的建模规则又进行了改动，一切只得推倒重来。"很多人为什么烦？加班加点做了半年时间，做到最后结果还得全部废掉重来。"李金柱说，"管理层也一样，原来正常上下班挺好，后来天天加班研究这些东西，没有不烦的。而且每个环节都没有经验可以借鉴，都需要自己去摸索，很多时候还不一定能看到曙光。"

在这样的内部环境下，张代理只能硬推，不仅负责整体设计，具体细节也都参与，其他人都只负责执行。他还不断地给全体员工做思想工作，内部大会上一讲就是一整天；在内刊《红领报》上，每期都写文章告诉大家为什么要变革，他甚至录了碟片在广播上天天播……

即使在这样内外环境都比较困难的情况下，红领依旧坚持自己的C2M模式的定制化转型之路。

（三）瞄准海外，开拓市场

红领在定制之路上艰难前行，一方面的压力来自于公司内部员工的不理解，另一方面是由市场的不确定性带来的。红领在瞄准定制之路前企业重心一直放在国内市场，但 2003 年的国内服装市场，大规模定制还是一个很陌生的名称。如何开拓有着广阔定制需求的海外市场，成为红领下一步的重点。

机会来得非常偶然甚至于戏剧性。2003 年，一位年轻的美国客人带来了转机。这位客人是哈佛学生，导师让他到中国找一个做个性化定制的供应商，还给他介绍了哈佛的学生罗晓梅和另一位中国同学。罗晓梅和这个学生做了一个方案，由两家公司分别在中国介绍 10 家公司，这两家公司把中国做西服做得最好、最大的都介绍了，其中两家公司都介绍了红领，都在前五。为什么在前五呢？因为当时 CAD 公司是通过工作站数量的多少衡量公司的好坏，红领拥有 40 个工作站，因此跻身前五。5 家定制企业中，只有红领一家企业在长江以北，其他都在长江以南。所以最初的红领并没有被他们纳入考量的范围之内。他们直接到了上海，整整找了一个月，但没有一家愿意做个性化定制。在当时的中国服装企业看来，一件一件地做，很复杂，也没有利润。他们将南方所有的大企业都跑遍了，最后一天他们要走了，翻开那个本看看，发现山东还有个企业叫红领，说这些都不行，山东能行吗，更不行吧？不过，罗晓梅和她的同学想着，不管怎么样，既然来了，就去一趟吧！他们从上海飞到了山东，找到了张代理说出了他们想开拓美国市场的想法。张代理听后，喜出望外。每每回忆起当时的场景，张代理还是心潮澎湃："我告诉他们我们正在做这个东西，他们当中连一个亚裔的人都没有，全部是纯种的美国人，看到我以后抱着我不放，因为找一个月没找到定制的。那时候开始一天做一套、两天做一套，到现在一天能做到 3000 套，千里之行，始于足下，还是要脚踏实地。红领集团有一点点成绩，就是从最难开始的。"

当然，其海外市场开拓也并非一帆风顺，熟悉美国人的着装习惯就是一个难点。他们的要求一定是紧贴身体的，必须一点褶都没有，这对工业化定制而言要求很高，要求衣服非常合体。中国人则未必如此。而且美国人对红领系统开始也并不认同。"因为我们的系统不如人家好，不方便，现在我们完善以后系统全切过来了。老外是讲理的，这个东西好他肯定用。最初和我们合作的代理商从零开始，现在一天做数百套，发大财了。"张代理笑得很开心。

网速也是制约红领开拓海外市场的瓶颈之一，这让海外代理商登录系统非常困难。张代理经常半夜接到电话："帮帮我吧，订单下不去了。"无奈之下，红领在美国洛杉矶和德国法兰克福建了两个机房，再架设两个专线直接连接到山东即墨总部，这样海外订单就能直接下到海外的服务器上。一个专线每月需花费数万元，但相对红领的盈利来说依然是非常值得的成本投入。

三、一路摸索，模式逐渐明晰

（一）海归总裁，走马上任

2009 年 3 年，在位于即墨市红领大街的红领集团总部，举行了隆重的交接仪式，张蕴蓝正式从父亲手中接过"接力棒"，走到了前台，成为红领集团总裁。

这一幕并不是张蕴蓝前几年所能想象到的。出国留学，毕业后在当地工作，不缺钱的张蕴蓝在国外过上了舒适的日子。后来，因为思念家人，张蕴蓝回到了国内，在上海一家美国公司当上了一个收入不错的白领。只

图 9-2　红领集团董事长张代理及女儿张蕴蓝

不过，这一切被"出差"到上海的张代理的一席"谈话"完全改变。张蕴蓝回到了红领，开始为接班做准备，这并不是一片坦途，而是布满荆棘。刚开始，张蕴蓝被安排到了国际业务部做一名报关员，负责报关、报检、跟单以及国际业务谈判等工作。一年之后，张蕴蓝被调到了营销中心。接着又被派到了一线生产车间。在公司的各个部门，张蕴蓝无不战战兢兢、一丝不苟，2008 年底，才坐上了集团总裁的位置。仍然不太放心的张代理，对女儿又进行了几个月的考察，2009 年 3 月，张代理正式与女儿进行了交接。

接任后的张蕴蓝采用新的方式领导着团队和企业，为红领注入了一股新鲜血液，她明确提出了红领要走一条 C2M 的商业生态新路子。她解释道："C2M 商业生态就是消费者在终端提出个性化的服装需求，跨过传统中间渠道，直接对接工厂（即 M 端），工厂迅速完成服装定制。"

（二）倔强坚持，换来春天

2012 年，张代理明显感觉到"和自己对着干的人"少了。两年之前那些不理解的人转回一半，一年之前又转回一半，到现在人都转回来了。此时的定制模式日渐成熟。"至少我们这些人知道这个事儿没有问题了。"恰在此时，众多服装企业陷入高库存窘境和零售疲软。服装企业的库存即使5年不生产也没有问题，一个专卖店压上千万件的货很平常，企业经营跌入谷底。然而此时红领集团的大规模个性化定制模式历经10年探索基本完成调试，迎来高速发展期，定制业务年均销售收入、利润增长均超过150%，年营收超过10亿元。红领凭借张代理引领开发的技术，实现了全线产品先收款后制作，完全不需要再面对成衣市场的白热化竞争。此时，日本众多服装企业也陷入类似困境，但张代理学习的那家日本企业日子也很好过。

同时，经过将近10年对海外定制市场的摸索改进，红领在海外也已经站稳了脚跟。在纽约的市场中，仅西服衬衣，红领每天都能接到1000多个订单；红领的加盟店、专卖店、国际形象店已经遍布美、德、法、英、意等发达国家，仅美国就拥有600多家代理商。

（三）同行参观，轰动一时

"红领现象"引起了国内制造企业的关注。2013年12月，张瑞敏亲自前往红领调研，对红领的C2M模式称赞不绝。"参观红领时，看到来自纽约的个人订单，在信息化流程中能迅速完成发货，感慨颇深。这正是互联网时代传统企业必须跨过的障碍：从大规模制造转为大规模定制，以满足用户个性化的最佳体验，红领做到了，这是其心无旁骛，几年磨一剑的结果。"张瑞敏这样感慨。此后半年内，他分批派出9拨高管赴红领学习。

时间见证了红领定制模式的成长与成功，这一模式完全颠覆了传统制造业。一时之间反响热烈，引起媒体和业界的广泛关注。

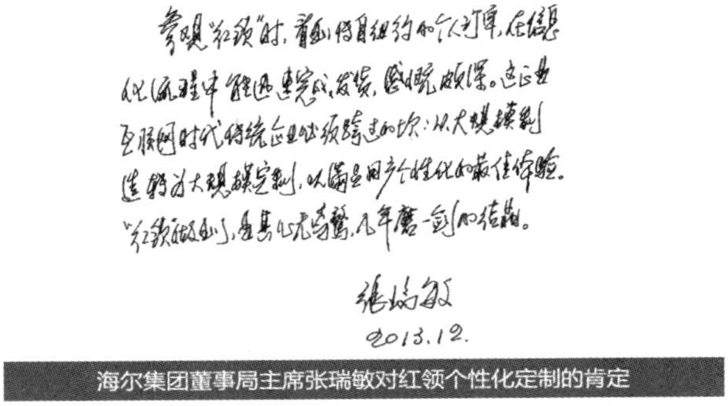

参观红领时，看到用户的个性化订单，在信息化流程中得以迅速生成、发货、回收、返修。这正是互联网时代传统企业转型的方向：从大规模制造到大规模定制，以满足用户个性化的最佳体验。"于无声处听惊雷"，8年磨一剑而成制。

张瑞敏
2013.12.

海尔集团董事局主席张瑞敏对红领个性化定制的肯定

图 9-3　海尔张瑞敏对红领个性化定制的高度赞扬

四、战略调整，C2M 模式趋于完善

（一）战略定位，重大调整

2013 年，红领组织了一次战略定位讨论。有人认为红领应该专注于服装个性化定制，卖一件衣服挣一件的钱。但有人认为，红领应该做一家科技型公司，为传统企业提供解决方案，赚改造费。最终，张蕴蓝带领团队提出了"互联网+工业"的定位。在她看来，如果只专注于西服定制，那么在其他品类上就无法满足消费者的需求。但如果只对工厂进行改造，改造完以后没有订单，工厂也无法生存。所以，张蕴蓝希望打造一个"生态"闭环，不仅红领自身实现定制化，还要帮助其他工厂进行改造，让它们用工业化的手段和效率制造个性化产品，从而为消费者提供更丰富的产品体验。红领为此开发了 SDE（源点论数据工程）产品，为传统的制造企业提供"互联网+工业"的解决方案，帮助它们进行柔性化和个性化定制的改造。

在 M，即工厂这一端，为提高企业的生产能力，红领开放同行加盟。加盟厂家通过红领平台的信息化改造，在原有的设备基础上加上信息化集成的部分，再对员工进行 1 个月左右的培训，就能实现在成本增加 10% 左

右的情况下效益提高 200%以上，而且改造时间只需 6 个月。同时，在 C 端红领打造了一个汇集订单的直销平台，消费者直接与工厂对接。经过改造的工厂数量越多，就越能满足消费者的多样化需求；而订单越多，工厂就越能有效运转，持续盈利。

张蕴蓝对红领的这一战略充满信心，她说道："红领要做一家类似天猫和京东的平台型企业，做个性化定制的入口。"

（二）转战国内，任重道远

截至 2014 年，红领的大数据技术和车间流水线已经基本成熟，在海外市场也获得广泛认可。定制的主要收入大都来自欧美，但红领最想做的还是国内的西服定制市场。中国有 13.7 亿人，穿西装的人约有 3 亿，常规西服号码只有 6 个号型，一个号型就要覆盖 5000 万中国人，这其中必定有巨大的定制需求。可对于国内消费者而言，西装定制依然是一个陌生的概念，在网络上定制服装更是需要很长时间的市场培养与消费者教育。

2014 年，红领开始转战国内市场。同年 7 月 31 日，红领在国内的第一家酷特形象店在青岛正式开业，引得不少顾客慕名而来。截至 2015 年，红领已有 10%的客户来自于国内，但如何在中国国内的西服 C2M 定制市场中摸索出一条最有效的发展路径，仍然是红领目前最关心的问题。同时，其在优化用户体验、提升商业价值、完善体制机制等方面，也还有很长的路要走。

（三）智能工厂，高效定制

由最初的实验班组，到形成一条流水线，到建起一个车间，再到 2014 年最终形成容纳 3000 名工人的数据化、信息化工厂，红领耗时 10 多年，投入资金 2.6 亿元。

如今走进红领的智能工厂，看到的是下面的景象：一眼望不到头的车间，流水线上挂满了布片，正有条不紊地滑动着，每个工人都紧张而忙碌，不时瞥一下眼前的屏幕。"这是美国一位客户 Brian Cook 刚刚传过来的一套西服数据。"在 CAD 工作室，部门主任李小雨指着屏幕说。这套由客户传送过来的数据将直接进入 RCMTM 平台，CAD 马上就能自动生成最适合的版型。透过屏幕，"订单匹配结果"界面显示的数据也让人耳目一新，其中"特体规则"一栏做了这样说明：严重溜肩（左）；严重溜肩（右）；轻微手臂靠后；左袖长−0.2……这表示此套西服的左袖要比右袖短0.2 厘米，追求个性的美国客户除了要求袖口纽扣的每个扣眼用线颜色不同外，还要求把自己的名字刺绣在左里袋上方的面料上。

图 9-4　红领智能 3D 打印工厂

这套西服定制方式是红领推出的 3 种 C2M 定制方式之一。如果你对自己的制衣需求和身形特征有清楚的了解，在手机上登录红领酷特"私人定制"客户端，输入身体 19 个部位的 25 个数据，便可以根据配图提示，按照自己的想法制作专属服装，包括不同部位的样式、扣子种类、面料，乃至每根缝衣线的颜色等。提交订单、在线付款后，顾客设计的西装就会通过互联网进入红领 RCMTM 平台，CAD 马上自动生成最适合的版型，并进行拆解和个性化裁剪，裁剪后的布料挂上电子标签进入吊挂，便开始了在整条流水线上 300 多道加工工序的旅程。利用这套系统，一秒钟时间内至少可以自动生成 20 余套西服的制版。每套西服的下单时间精确到秒，并严格以此派单。

（四）模式深化，搭建平台

2015 年 8 月，酷特智能推出了代表 C2M 直销平台的战略性产品——魔幻工厂 APP。打开这款 APP，选择想要定制的服装，如西装、衬衫。一个 3D 的衣服模型出现在眼前。用户可依次选择扣子、面料、胸袋、驳头等物料，这个过程中还可细致地观察到颜色、布料材质以及其他多处细节。设计完成后，便可预约量体。手机会自动定位，帮助用户寻找附近的量体师，并预约上门服务。这样的一个实现用户在线自主设计、实时下单，个体直接面向制造商的 C2M 个性化定制平台，让用户足不出户，只要动动手指就可坐享"造物"乐趣。张蕴蓝说："在不久的将来，用户将不需要和量体师接触，可通过 3D 的方式把身体的数据传输出去。"在她看来，个性化定制的核心是让消费者体验到"造物"的乐趣，使得人人都可以成为设计师。

未来，用户将可以在酷特智能 C2M 的平台上定制鞋、箱包等产品。"我们的战略定位是成为一家平台型企业，我们将搭建平台，帮助千千万万制造型企业到我们的平台上来做直销。未来红领就是一个做平台的红领。"张代理眺望着远方，自豪而坚定地说道。

参考文献

［1］田广利. 深度解读伏牛堂新战略：估值过亿后拒绝烧钱开店，用霸蛮打造"最恐怖"企业［EB/OL］. 餐饮邦，http：//www.haokoo.com/user/16459/，2015.

［2］三个 80 后创业的故事［EB/OL］. 北京商报网，http：//www.bbtnews.com.cn/2015/1125/ 128994.shtml，2015.

［3］许单单. 一个 CEO 的真实感悟［J］. 清华管理评论，2015（11）：8-13.

［4］马德龙. 拉勾 CEO 马德龙：一年做对 3 件事［J］. 名人传记（财富人物），2014（11）：83-84.

［5］冯舒婷. A 站的"IP 创造+内容孵化"玩法［EB/OL］. http：//tech.huanqiu.com/news/2015-1 1/8049730.html，2015.

［6］芮益芳. oTMS 段琰：货运业滴滴的创业思路［EB/OL］. 中国经营报，http：//www.aiweib ang.com/yuedu/50746463.html，2015.

［7］阿九. Roseonly 贩卖"唯一"［J］. 全国商情·理论研究，2014（9）：72-73.

［8］陈丹琼. Roseonly 的专爱法则［J］. 环球企业家，2014（3）：196-197.

［9］骞予. 当鲜花遇上营销　鲜花不再只是鲜花［J］. 大众投资指南，2013（12）.

［10］韩言铭. Roseonly 遭遇成长之痛［N］. 中国经营报，2014－03－31（E01）.

［11］沈凌莉. "一生只送一人" 的网上花店［J］. 创业邦，2013（7）：58.

［12］王琳. Roseonly 模式高溢价争议［N］. 新金融观察，2013－11－18（24）.

［13］王艺璁. 微博意见领袖对企业微博营销的作用——以 Roseonly 花店微博营销为例［J］. 新闻世界，2013（4）：179－180.

［14］熊元. Roseonly 的花儿为什么这样红？［J］. 21 世纪商业评论，2013（24）：62－63.

［15］Roseonly. 一枝玫瑰引领的行业革命［J］. 声屏世界·广告人，2015（4）：134－135.

［16］Roseonly 高端鲜花市场老大长成记［J］. 现代营销（经营版），2014（8）：16－18.

［17］春雨掌上医生. 用媒体人的敏锐发现机会［EB/OL］. 中国经济周刊，http：//paper.people.com.cn/zgjjzk/html/2014－06／16/.

［18］解析春雨医生报告系列第二篇：春雨的护城河有多深，收入前 20 的医生［EB/OL］. http：//www.huxiu.com/article/103533/1.html? f=chout.

［19］苍憬. 医生到底有什么错［J］. 大家健康，2014（2）：20－21.

［20］春雨医生. 小入口的大数据生意［EB/OL］. 东方财富网，http：//finance.eastmoney.com/news/1622.

［21］龚瀛琦. "掌上医生" 来问诊［J］. 21 世纪商业评论，2013

（11302）：74-75.

[22] 吕峥.春雨：掌上医生，春风化雨 [J].创业家，2014（9）：27.

[23] 春雨医生烦恼：收费为何难以启齿 [EB/OL].http：//www. 360doc.com/showarticle.aspx？id=45676400.

[24] 春雨医生.上线 5.0 版本，"空中医院"功能帮助医生打造个人成功 [EB/OL].创业邦，http：//www.cyzone.cn/article.

[25] "春雨医生"牵手"好药师"，手机 APP 问医购药平台打通 [EB/OL].推酷，http：//www.tuicool.com.

[26] 春雨初尝商业化：牵手好药师 探索药品零售 [EB/OL].新浪网，http：//tech.sina.com.cn/i/2014.

[27] "春雨医生"线下诊所模式值得期待 [EB/OL].环球网，http：// opinion.huanqiu.com/plrd/2016-03/8659497.html.

[28] 春雨 25 家"众包型线下诊所"，叫板平安好医生 [EB/OL].网易科技，http：//tech.163.com/15/0507/18/AP1HJCID00094ODU.

[29] 对话春雨医生张锐：用众包模式做线下诊 [EB/OL].微媒体——互联网+首席媒体，http：//www.vmeti.com/focus/115086.html.

[30] 春雨医生获 5000 万美元 C 轮融资，将瞄准数据产品开发 [EB/OL].http：//blog.sina.com.cn/s/blog_134f713840102v2n9.html.

[31] 蒋云染.五大法宝助力 e 袋洗获最佳新锐雇主 [EB/OL].http：// img.sootoo.com/content/549479.shtml，2015-02-02.

[32] 36氪.从荣昌到 e 袋洗，"转型老兵"张荣耀 10 多年里充满泪水 [EB/OL].http：//www.chinalaundry.cn/2015/0907/3252.html，2015-09-07.

[33] 蔡长春.洗衣 O2O 平台 e 袋洗"摊上"的那些"投诉"门 [EB/OL].http：//www.iyiou.com/p/17054/，2015-04-15.

［34］徐施宏. 成立两年的 e 袋洗变身子品牌、搭建母公司小 e 管家平台、回归邻里服务 ［EB/OL］. http：//www.itchang.cn/detail/1595260.html，2015-12-04.

［35］e 袋洗推出母品牌"小 e 管家"以共享经济颠覆传统 ［EB/OL］. 中国经济网，http：//www.ce.cn/macro/more/201512/04/t20151204_7323236. shtml，2015-12-04.

［36］翟子瑶. 从 e 袋洗到小 e 管饭　成功的核心要素在于解决用户的刚性需求 ［EB/OL］. http：//mt.sohu.com/20151203/n429386611.shtml，2015-12-03.

［37］安妮.e 袋洗孵化项目小 e 管饭暂停业务　负责人高萌离职 ［EB/OL］. http：//tech.sina.com.cn/i/2016-03-22/doc-ifxqnski7856511.shtml，2016-03-22.

［38］私厨共享政策受阻　e 袋洗邻里共享加速 ［EB/OL］.中华网，http：//tech.china.com/news/it/11146618/20160323/22277672.html，2016-03-23.

［39］e 袋洗推出母品牌"小 e 管家"以共享经济颠覆传统 ［EB/OL］. 中国经济网，http：//www.ce.cn/macro/more/201512/04/t20151204_7323236. shtml，2015-12-04.

［40］陈为，郭龙. 红领张代理：我从 12 年前开始转型，有 9 年时间被当成神经病 ［EB/OL］. 2015-04-21.

［41］张小影，张双，刘成.红领集团：领跑互联网+服装定制 ［N］. 中国经济，2015-07-07.

［42］潘东燕.红领：制造业颠覆者？［J］.中欧商业评论，2014（8）.

［43］红领 3D 打印工厂化逻辑实现互联网工业升级 ［EB/OL］. 新华网山东频道，2015-03-27.

［44］百川快线官网，http：//www.otms.cn/.

［45］任晓微.社区型运输协同平台 oTMS——整合 B2B 运输的大市场 ［EB/OL］.创业邦，2015-06-11.

［46］宁川.创业者说：oTMS 用"互联网+"优化万亿 B2B 物流市场 ［EB/OL］.云科技时代，2015-05-05.

［47］佳音.获千万美元融资的 oTMS 专注一件事：让年耗万亿的运输业更高效 ［EB/OL］.钛媒体，2015-06-12.